Pfadfinder sein – mehr als ein Abenteuer!

50 Jahre DPSG Weiterstadt Stamm St. Johannes der Täufer

1972 – 2022

Spurbuchverlag

Claudia Wehrle

Pfadfinder sein – mehr als ein Abenteuer

50 Jahre DPSG Weiterstadt

Stamm St. Johannes der Täufer

1972 – 2022

Bibliografische Information der Deutschen Nationalbibliothek

Die Deutsche Nationalbibliothek verzeichnet diese Publikation in der Deutschen Nationalbibliografie; detaillierte bibliografische Daten sind im Internet über http://dnb.dnb.de abrufbar.

Bibliographic information published by the Deutsche Nationalbibliothek

The Deutsche Nationalbibliothek lists this publication in the Deutsche Nationalbibliografie; detailed bibliographic data are available in the Internet at http://dnb.dnb.de

1. Auflage, Juni 2024

info@spurbuch.de
www.spurbuch.de

Ausführung: pth-mediaberatung GmbH, Würzburg
Titelfoto von DPSG Weiterstadt

Weitere Bücher des Spurbuchverlags finden Sie unter
www.spurbuch.de

ISBN 978-3-88778-109-5

Inhalt

Vorwort

„Die Grundzüge der Pfadfinderarbeit sind für jedes Land und für alle Zeitverhältnisse brauchbar und gut", schrieb Pfarrer Hans-Josef Klein in der Festschrift zum zehnjährigen Jubiläum der DPSG Weiterstadt. Ihm war es wichtig, dass junge Menschen selbständig werden und Verantwortung übernehmen. Er wollte ihnen Mut machen. Sie sollten gute Kameradschaft und altersgemäße Religiosität erfahren. Pfarrer Klein, „Mire", wie er von vielen genannt wurde, kam 1972 nach Weiterstadt. Zuvor hatte er sieben Jahre in Portugal gelebt und dort einen Stamm der Portugiesisch-Katholischen Pfadfinder (escutismo católico português) geleitet. Für ihn lag es nahe, diese Erfahrungen in die Pfarrei Sankt Johannes mit einzubringen. Pfadfinder in Weiterstadt? Das war etwas ganz Neues!

Aus der kleinen Pflanze von 1972 ist im Lauf der Zeit ein großer, stämmiger Baum geworden. „Der Weg, den wir gemeinsam zurückgelegt haben, war ein schöner, spannender Weg", findet David Meyer, langjähriger Kurat im Stamm. „Manchmal war dieser Weg sehr steinig, manchmal sogar gefährlich oder schien ausweglos zu sein", aber, so fügt er mit einem Lächeln hinzu, „es ging bei uns auch lustig zu und wir hatten viel Spaß".

„Der Gedanke, dass in jedem Land, jeder Stadt, jedem noch so kleinen Dorf ein Pfadfinder ist, der die Begeisterung und die Werte dieser Bewegung teilt, motiviert mich", sagt ein Gruppenleiter. Da stellt sich schon die Frage, was das Faszinierende an der Pfadfinderarbeit ist. Wer war der Gründer Robert Baden-Powell? Wie war es möglich, dass aus seinen Ideen innerhalb kürzester Zeit die größte Jugendbewegung der Welt wurde? Seine Gedanken und Zitate ziehen sich durch das ganze Buch, teilweise finden sie sich auch in den Überschriften wieder. Ist heute noch etwas von den Werten Baden-Powells in der Jugendarbeit zu spüren?

Auf den folgenden Seiten sollen die 50 Jahre DPSG Weiterstadt lebendig werden. Zeltlager gehören von Anfang an zu den Höhepunkten im Pfadfinderjahr. Daran hat sich bis heute nichts geändert. Die Weiterstädter Pfadfinder engagieren sich für andere Menschen. Gruppenstunden sind in Zeiten der Pandemie eine besondere Herausforderung. Der

Stamm stellt sich vor. Wer ist dabei? Ehemalige und heute noch aktive Pfadfinderinnen und Pfadfinder erzählen, was es für sie persönlich bedeutet, eine Pfadfinderin, ein Pfadfinder zu sein. Einmal Pfadfinder, immer Pfadfinder?

So abwechslungsreich die vergangenen 50 Jahre waren, so bunt und vielfältig sind auch die Geschichten in diesem Buch. Viele Pfadfinderinnen und Pfadfinder aus dem Stamm haben in unterschiedlicher Art und Weise daran mitgearbeitet. Alte Festschriften, Zeitungsausschnitte und die Protokolle von Stammesleiterrunden wurden gesichtet, Fotoalben und Diakästen nach „brauchbarem Material" durchsucht. Einige Pfadfinder machten sich die Mühe, im Keller oder auf dem Dachboden nach alten Aufzeichnungen zu stöbern, andere haben Fotos „von früher" aus ihrer eigenen Pfadfinderzeit digitalisiert, damit sie in diesem Buch veröffentlicht werden können. Nicht zu vergessen sind jene, die ihre Geschichten und Erfahrungen für dieses Buch aufgeschrieben oder mir erzählt haben.

Wenn auf den folgenden Seiten von „Pfadfindern" die Rede ist, sind Pfadfinderinnen und Pfadfinder gleichermaßen gemeint. Oft steht das Wort „Pfadfinder" auch als Synonym für Aktionen des ganzen Stamms.

Das Buch lädt ein, in Erinnerungen zu schwelgen. Es will aber auch neugierig machen, die Arbeit und Aktivitäten der DPSG Weiterstadt näher kennenzulernen und sich mit den Ideen der Pfadfinderbewegung auseinanderzusetzen.

Claudia Wehrle

Unterschrift des Pfadfinder-Gründer Robert Baden-Powell. Archiv: Pfadfinderchronik

Information der Pfadfinder Nr. 2

- - - - - - - - - - - - - - - - - -

Preis: DM

Themen: 1. Kampf gegen die ~~tote Spinne~~ Todesspinne (Geschichte)
2. Erste Hilfe
3. Problem Autorennbahn
4. Verschiedenes

Zu 4.) Warum haben die Ostfriesen Sandsäcke auf ihren
Damit der Mief nicht das Dach hochhebt.

Zu 1.) Die Schwarze Witwe

Es war einige Zeit vor Ausbruch des zweiten Weltkrie heimliche Gefahr bedrohte große Teile der Vereinigte Die schwarze Witwenspinne, vielleicht das giftigste Kein Schlangengift ist wirksamer als das Gift der sc we. Die Zahl der Todesopfer in den Staaten stieg.

Pfadfinder in Weiterstadt?

Pfadfinder in Weiterstadt!

rn?

ine un-
ten:
der Welt
en Wit-

Wie alles anfing

▲ *Pfarrer Hans-Josef Klein, Gründer der DPSG Weiterstadt.* *Archiv: Benedikta und Stefan Caspari*

Pfarrer Hans-Josef Klein war spontan. Er konnte begeistern. Die Pfadfinderarbeit bedeutete ihm viel. Nach dem Sonntagsgottesdienst oder nach dem Religionsunterricht sprach er Kinder und Jugendliche einfach an, lud zu einem ersten Treffen ein. „Es kamen auch sofort etwa zwanzig Jungen und Mädchen im Alter von zehn bis zwölf Jahren." Das war im April 1972. Zwei Monate später gab es das erste kurze Zeltlager am Oberwaldhaus in Darmstadt. „Wir sind im Regen zu Fuß hin und zurückgelaufen."

Michael („Micky") Lugert hat die Anfangszeit des Stammes miterlebt. Er war elf Jahre alt, als er zu den Pfadfindern kam. Das war Anfang der 1970er Jahre. Zwei Schulfreunde erzählten von den Treffen. „Komm doch mal mit. Die Gruppenstunden sind schön." Die Pfarrei sollte für ihn zu einem zweiten Zuhause werden. „Wir haben damals in den Gruppenstunden viel gespielt", erinnert er sich. „Wir haben auch viel unternommen, waren oft im Schwimmbad oder haben uns an Hilfsaktionen beteiligt." Dazu gehörten Waldsäuberungsaktionen oder das regelmäßige Altpapiersammeln, um die Stammeskasse ein bisschen aufzubessern. „Höhepunkte im Jahr waren natürlich die Zeltlager." Martin Gudelke war ein paar Jahre älter, als er das Pfadfinder-Sein für sich entdeckte. „Mir hat damals imponiert, dass die Pfadfinder

„Ich schlage anderen Leuten niemals etwas zu tun vor, was ich selbst nicht tun würde."

aus: Rovering to Success (1922)

▸ *Pfadfinder sammeln Altpapier.* *Archiv: Pfadfinderchronik*

◂ *S. 9: Titelblatt einer der ersten Pfadfinderzeitungen der DPSG Weiterstadt.* *Archiv: Pfadfinderchronik*

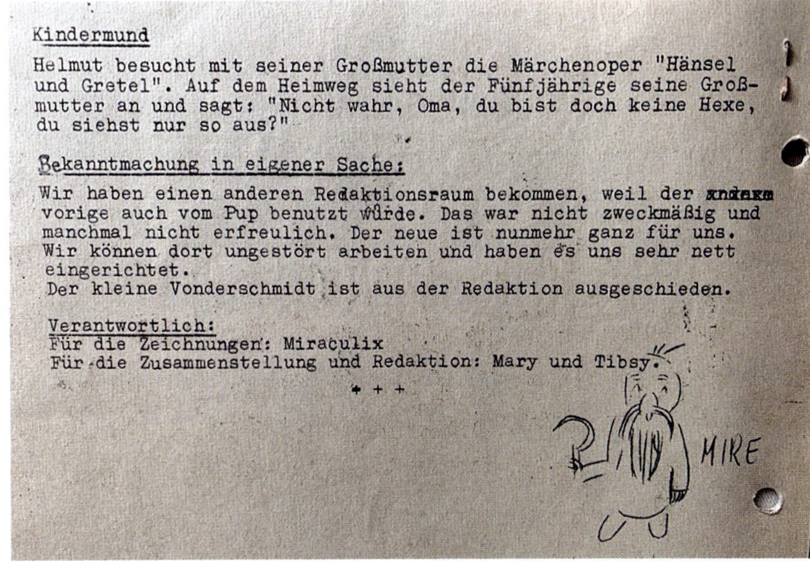

Kindermund

Helmut besucht mit seiner Großmutter die Märchenoper "Hänsel und Gretel". Auf dem Heimweg sieht der Fünfjährige seine Großmutter an und sagt: "Nicht wahr, Oma, du bist doch keine Hexe, du siehst nur so aus?"

Bekanntmachung in eigener Sache:

Wir haben einen anderen Redaktionsraum bekommen, weil der vorige auch vom Pup benutzt würde. Das war nicht zweckmäßig und manchmal nicht erfreulich. Der neue ist nunmehr ganz für uns. Wir können dort ungestört arbeiten und haben es uns sehr nett eingerichtet.
Der kleine Vonderschmidt ist aus der Redaktion ausgeschieden.

Verantwortlich:
Für die Zeichnungen: Miraculix
Für die Zusammenstellung und Redaktion: Mary und Tibsy.

\+ + +

◂ *Auszug aus einer der ersten Pfadfinderzeitungen der DPSG Weiterstadt.*
Archiv: Pfadfinderchronik

so viel draußen unternommen haben", sagt er. „Vieles war spontan. Wir haben uns im Vorfeld keine großen Gedanken gemacht, was wir beispielsweise im Sommerlager alles unternehmen wollten. Wir haben einfach einen Lagerplatz ausgesucht, den VW-Bus mit allem Nötigen vollgepackt und dann ging es los." Übernachtet wurde in alten, ausrangierten Bundeswehrzelten. Zu essen gab es Reste aus der Bundeswehrverpflegung, deren Verfallsdatum noch nicht abgelaufen war. „Es war alles ein bisschen spartanisch, aber das war uns egal. Die Gemeinschaft war uns wichtig", sagt Martin. „Wir waren wie eine große Familie."

„Scouting is doing"

„Unsere Pfadfinder sind Teil der katholischen Jugend", betonte Pfarrer Klein immer wieder. „Sie sollen ‚Flagge zeigen' als Christen." Für ihn bedeutete das aktiv werden, in der Gemeinde präsent sein und als Pfadfinder das Gemeindeleben mitgestalten, „helfen, wo eine helfende Hand gebraucht wird." Das konnte für unterschiedliche Projekte sein. Ein paar Beispiele.

Pfadfinder helfen Vulkanopfern

Adventsmarkt 1991. Die Weiterstädter Pfadfinder grillen Maronen und backen Kartoffelpuffer, um sie zu verkaufen, auch Glühwein, Apfelwein, Tee und heißer Saft sind im Angebot. Die Altrover laden zur Filmvorführung „Robin Hood" ins Kommunale Kino ein. Die Altrover sind eine besondere Gruppe im Stamm. Alle Mitglieder sind deutlich älter als die „regulären" Rover, deshalb nennen sie sich „Altrover". Der Erlös ihrer Aktion kommt den Vulkanopfern auf den Philippinen zugute.

Die Pfadfinder reagieren mit dieser Aktion auf den Vulkanausbruch des Piantubo. Dieser Berg, etwa 90 Kilometer nordwestlich von Manila gelegen, galt lange Zeit als erloschen. Kaum jemand rechnete damit, dass er noch eine Gefahr darstellen könnte. Doch im Juni 1991 begann es im Inneren des Berges zu brodeln. Eine riesige Aschewolke verdunkelte den Himmel. Zehntausende Menschen mussten evakuiert werden, viele starben. Häuser und Straßen wurden zerstört, Ackerflächen verwüstet. „Wir wollten den Überlebenden auf den Philippinen helfen, damit sie sich wieder neue Unterkünfte bauen können", schreibt Martin Gudelke in der Pfadfinderchronik. „Deswegen wollten wir am Adventsmarkt in Weiterstadt teilnehmen und Sachen verkaufen." Drei Tage lang sollte der Adventsmarkt dauern, von Freitag bis Sonntag. Zunächst musste der Stand gebaut werden. „Wir haben aus Teilen des alten Pfarrhausdachstuhls eine kleine Satteldachhütte gezimmert. Sie war 2,50 Meter mal 4,80 Meter groß, oben mit Planen bespannt, damit alles trocken bleibt, falls es regnet." An den Markttagen war es dann, wie so oft, nobody is perfect. „Mal waren wenige Helfer am Stand mit viel Publikum konfrontiert, mal waren viele Kinder da und wenige erwachsene Helfer. Ein anderes Mal gab es keine eingewiesenen Helfer, der Kartoffelpufferteig war nicht fertig, das Gas war alle oder der Drehteller einer Mikrowelle kaputt. Allen Helfern ein herzliches Dankeschön. Nächstes Jahr ist wieder Advent."

„Ich hörte von einem Wölfling, der, als er gefragt wurde, welche gute Tat er heute getan habe, bekannte, er sei nicht dazu in der Lage gewesen, weil er glaubte, er sei zu klein. Natürlich war das Unsinn, denn niemand ist zu klein, eine gute Tat zu tun, selbst wenn es nur ein Lächeln für andere ist und sie dies glücklich macht."

aus: African Adventures (1937)

Werkzeug sammeln für Projekte in Afrika und Südamerika

Herbst 1992. Die Altrover sammeln gemeinsam mit der Kolpingfamilie Weiterstadt gebrauchte Maschinen und Werkzeuge für einen guten Zweck. Bei der Aktion geht es um verschiedene Projekte in Afrika und Südamerika. Ziel ist es, Handwerker in diesen Ländern zu unterstützen und neue Arbeits- und Ausbildungsplätze zu schaffen. Der Bedarf an brauchbaren Werkzeugen und Maschinen ist groß. Die eingesammelten Spenden werden in einer Werkstatt des Kolpingwerks überarbeitet und für den Transport her-

AUFRUF
Maschinen und Werkzeuge für die 3. Welt...
eine Aktion des Sozial- und Entwicklungshilfe e.V. im Kolpingwerk und des Kolpingwerks Deutscher Zentralverband

► *Flyer zur Aktion „Maschinen und Werkzeuge für die 3. Welt. Archiv Pfadfinderchronik*

gerichtet. „Hilfe zur Selbsthilfe", so das Motto. Für manch einen der Handwerker bedeutet das Arbeiten und Umgehen-Lernen mit den gebrauchten Werkzeugen einen ersten Schritt auf dem Weg hin in die Selbstständigkeit.

Unterstützung für Ruanda

Juni 1994. Aus einem Brief an die Pfadfinder: „Liebe Wölflinge, Jungpfadfinder, Pfadfinder, Rover und Eltern, dies hier ist, um es gleich vorwegzunehmen, ein Aufruf zu einer besonderen Aktion. Wie ihr alle wisst, herrschen seit Wochen schon in Ruanda große Unruhen, die viele Opfer fordern. Weit weg, denkt ihr, und doch ist es ganz nah: Die DPSG der Diözese Mainz hat mit dem Ruandischen Pfadfinderverband Association des Scouts du Rwanda (ASR) schon seit Jahren eine Partnerschaft. Es haben auch schon gegenseitige Begegnungen stattgefunden. Vor einigen Jahren hieß das Motto der Jahresaktion ‚Komera Rwanda', mit dem Entwicklungshilfeprojekte dort unterstützt wurden. Die Pfadfinder, die sich immer für die Verständigung der jetzt verfeindeten Volksstämme einsetzten, stehen jetzt auf den Todeslisten in Ruanda. Sie sind also in großer Gefahr.

Einigen von ihnen, zweiundzwanzig genau, ist die Flucht nach Burundi gelungen, wo sie aber nicht bleiben können. Sie konnten aber Kontakt zu ihren Freunden in Deutschland aufnehmen und nach langem, wirklich langem Hin und Her hat Außenminister Kinkel jetzt der Einreise dieser Pfadfinder nach Deutschland zugestimmt. Die DPSG hat die Bürgschaft für diese 22 Personen übernommen, das heißt, sie kommt für die Unterkunft, die Flugtickets, Verpflegung und anderes auf. Sie hat den Stamm deshalb um finanzielle Unterstützung gebeten. Wir werden aus unserer Stammeskasse auch etwas überweisen. In unserer letzten Jufi-Gruppenstunde ist dann noch folgende Idee entstanden: Es wäre schön, wenn jeder, vom Wölfling bis zum Rover, sich selbst an dieser Aktion beteiligen kann. Deshalb rufen wir dazu auf: Wenn jedes Mitglied des Stammes 5,– DM spendet, kommen wir schon auf rund 500,– DM. Wir werden in der Gruppenstunde am 10. Juni die Sammlung in den Gruppen durchführen, bringt dann also alle das Geld mit!

„Die DPSG hat die Bürgschaft für diese 22 Personen übernommen, das heißt, sie kommt für die Unterkunft, die Flugtickets, Verpflegung und anderes auf. Sie hat den Stamm deshalb um finanzielle Unterstützung gebeten."

Gut Pfad, Benedikta Plohmann."

Ein Blick zurück

Über die Anfänge der Pfadfinderbewegung

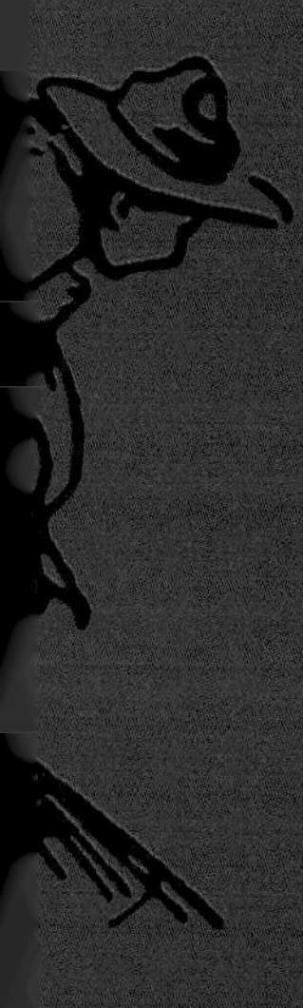

Der Gründer: Robert Baden-Powell

▲ *Robert Baden-Powell in seiner Zeit als Oberst.* Archiv

Der Gründer der Pfadfinderbewegung war ein Tausendsassa mit einem unerschöpflichen Repertoire an Fähigkeiten: Er konnte zeichnen, schauspielern, kartographieren, sich im Wald unerkannt bewegen, Spuren und Fährten lesen, war schriftstellerisch tätig, ritt und segelte. Er ging unvoreingenommen auf Menschen zu, begeisterte sie und traute ihnen etwas zu. Er war Soldat im British Empire und in dieser Funktion ein Weltreisender. Die Rede ist von Robert Baden-Powell.

„B-P", wie ihn seine Pfadfinder nennen, wurde am 22. Februar 1857 in gutbürgerlichen Verhältnissen in London geboren. Schon von klein auf interessierte er sich für die Natur. Schule war für ihn Nebensache, seine Noten waren eher durchschnittlich. Statt zu pauken, verschwand er lieber in den schuleigenen Park, beobachtete Tiere, machte Lagerfeuer und hatte Spaß daran, von den ihn suchenden Lehrern nicht entdeckt zu werden. Und dann die Schauspielerei: Bei jeder Aufführung wollte er dabei sein.

Die Aufnahmeprüfung für die Universität Oxford bestand Robert Baden-Powell nicht, die Aufnahmeprüfung für das Militär hingegen schaffte er mit Bravour. Die Waffengattung, unter der er seinen Dienst leisten sollte, konnte er sich aussuchen. Baden-Powell

Robert Baden-Powell schleicht sich an. Die Schulordnung verbot solche „Abstecher" in die verwilderten Teile des Schulgeländes. Der Schüler Baden-Powell ließ sich davon nicht abhalten.
Erfahrungen im College … *… und später in Afrika.* BP, Archiv

wählte die prestigeträchtige Kavallerie. Seine erste Etappe führte ihn 1876 nach Indien, wo er sich schon bald für die dortige Flora und Fauna zu interessieren begann. Weitere Stationen seiner militärischen Laufbahn waren Afghanistan und Malta. Er ging auf den Balkan und schließlich nach Südafrika, wo er für die Erstellung geeigneter militärischer Karten zuständig war und Festungen und Rüstungsbetriebe der britischen Gegner ausspionierte. Überaus hilfreich erwies sich dabei sein schauspielerisches Talent, das ihn in die Rollen eines Schmetterlingssammlers, eines Dieners oder Journalisten schlüpfen ließ.

▲ Oberst Robert Baden-Powell auf seinem Kavalleriepferd „Aconite". Archiv

Robert Baden-Powell machte in der Armee schnell Karriere, obwohl (oder gerade weil) er sich nicht zwingend an die militärischen Anweisungen und Gepflogenheiten hielt. Bereits in Indien begann er, seine Untergebenen in kleine Gruppen einzuteilen, ihnen Verantwortung zu übertragen und so ihre Eigeninitiative herauszufordern. Er sorgte dafür, dass bei seinen Truppen eine Grundausbildung in erster Hilfe eingeführt wurde. Modern für seine Zeit war auch sein Umgang mit den Einheimischen in den britischen Kolonien. Während viele Briten die Überlegenheit der englischen Kultur vor sich hertrugen, begegnete Baden-Powell der einheimischen Bevölkerung und ihren Lebensweisen mit Neugier und Respekt. Seine Erfahrungen und Gedanken schrieb er in mehreren Büchern nieder und machte sie so einer breiten Öffentlichkeit zugänglich.

Über den Einsatz in der Armee lernte Baden-Powell Afrika kennen und lieben. Dort half er, die britische Herrschaft in den Kolonien zu festigen. Als Kommandeur der afrikanischen Kolonialtruppen war er an der Niederschlagung mehrerer Aufstände afrikanischer Stämme beteiligt. Aufgrund seiner List, seinen Fähigkeiten im Spurenlesen und seiner Ruhelosigkeit vergaben ihm seine Gegner den achtungsvoll den Spitznamen „Impeesa", was gemeinhin mit „Der Wolf, der nie schläft" übersetzt wird.

Zwei Ereignisse aus seiner Zeit in Afrika sollten sich als folgenreich erweisen: Baden-Powell beteiligte sich 1879 an dem Feldzug gegen Zulukönig Dinuzulu. Dinuzulu war Anführer eines Aufstandes gegen die britische Kolonialherrschaft im südlichen Afrika. Der Aufstand wurde von den Briten schnell niedergeworfen. Nachdem der Zulukönig von den britischen Truppen aus seinem Dorf vertrieben worden war, fand Baden-Powell in dessen Zelt eine dekorative lange Kette mit tausenden Klötzchen aus südafrikanischem

▲ Woodbadges. Teile der Kette von Zulukönig Dinuzulu Archiv

▲ *Ein Junge aus Mafeking* BP, Archiv

Akazienholz. Der Häuptling trug sie bei offiziellen Anlässen. Sie war Symbol königlicher Würde und herausragender kriegerischer Leistungen. Baden-Powell nahm die Kette an sich. Später sollte er jeweils zwei dieser Klötzchen, der Woodbadges, an die Absolventen seines Ausbildungskurses vergeben.

Das zweite Ereignis, das für Baden-Powell von entscheidender Bedeutung werden sollte, war die Belagerung der Stadt Mafeking. Sie begann im Oktober 1899. Mafeking war damals eine Kleinstadt. Während des Burenkriegs gelang es Baden-Powell, diese Stadt gegen eine drückende Übermacht der Buren 217 Tage zu halten. Er ging mit List und Tücke und mit allen erdenklichen Mittel vor. Dazu gehörte auch der Einsatz von Jugendlichen als Meldegänger. Baden-Powell war überrascht, wie seine jungen Melder mit der von ihm übertragenen Verantwortung umgingen und zu welchen außerordentlichen Leistungen sie fähig waren. Ihm wurde klar, dass das Zutrauen in die Fähigkeiten anderer Menschen ungeheure Potenziale freisetzen kann. Die Belagerung war am 17. Mai 1900 überstanden. Das nachrückende Heer der Engländer zwang die Buren zum Rückzug, und Baden-Powell kehrte als Kriegsheld nach England zurück. Er wurde zum General befördert.

Brownsea Island

Brownsea Island ist eine kleine Insel in der Hafeneinfahrt von Poole im Süden Großbritanniens. Robert Baden-Powell kannte sie gut. Er war als Kind oft im Hafen segeln. Sein Plan: Auf dieser Insel mit ein paar Jungen zu zelten. Dazu lud er Jungen aus der „Boys Brigarde" ein. Das ist eine internationale, interkonfessionelle christliche Jugendorganisation, die Ende des 19. Jahrhunderts gegründet worden war. Auch Söhne seiner Freunde sollten bei dem Lager dabei sein. Das Besondere an der Gruppe: Die Jungen kamen aus unterschiedlichen Gesellschaftsschichten. Eine solche Zusammensetzung war damals ungewöhnlich.

▲ *Das Lager auf Brownsea Island / Poole Harbour, 1907* Archiv

Baden-Powell reiste Ende Juli 1907 auf die Insel, um das Lager vorzubereiten. Er wollte Zelte aufstellen und in der Mitte des Lagers ein Banner hissen. Das war nicht irgendein Banner, sondern die britische Flagge aus Mafeking, also aus jener südafrikanischen Kleinstadt, die er im Burenkrieg mit seiner Kavallerieeinheit wochenlang gegen eine große Übermacht verteidigt hatte. Baden-Powell hatte die Flagge behalten.

▲ *Baden-Powell vor seinem Zelt auf Brownsea Island, in der Hand das Kuduhorn, das er in Afrika gefunden hatte. Er benutzte das Horn als „Trillerpfeife"* Archiv

Neun Tage dauerte das Zeltlager auf Brownsea Island, vom 1. bis 9. August 1907. Zwanzig Jungen waren dabei. Sie trugen einheitliche Uniformen: gleichfarbiges Hemd, kurze Hose, Kniestrümpfe, Halstuch und einen eingebeulten Hut. Diese Kluft war praktisch und geeignet für Sport und Spiel. Durch die einheitliche Kleidung fielen auch die sozialen Unterschiede innerhalb der Gruppe nicht auf. Das Programm: Das Leben im Freien und Überlebenstechniken kennenlernen. Gleich früh morgens ging es los. Baden-Powell weckte die Jungen, indem er in ein altes Kudu-Horn blies. Danach hieß es, sich waschen. Für jeden Jungen gab es eine Tasse Kakao, eine kurze körperliche Trainingseinheit folgte, die Flagge wurde gehisst und ein Gebet gesprochen. Danach war Zeit für das Frühstück. Im Anschluss daran begannen die für den jeweiligen Tag angesetzten Pfadfinderübungen: Hütten bauen stand auf dem Programm, auch Knoten knüpfen, Feuer machen und sich orientieren lernen in schwierigem Gelände. Die Jungen sollten sich auch an Tiere anpirschen, ritterliches Verhalten Damen gegenüber erlernen und etwas über die Geschichte und Taten im Namen des Königreichs erfahren.

▲ *Spiele während des Camps* Archiv

Die meisten dieser Lerninhalte kamen aus der militärischen Ausbildung. Soldaten mussten damals solche Fähigkeiten beherrschen. Baden-Powell wollte auf dem Zeltlager aber keine Nachwuchssoldaten heranziehen oder eine neue Jugendorganisation gründen. Ihm ging es vielmehr darum, die Erfahrungen, die er selbst bei der Kavallerie gemacht und für gut befunden hatte, an andere weiterzugeben. Er wollte für bereits bestehenden Jugendorganisationen verschiedene Aktivitäten anbieten. Die Jungen sollten vieles ausprobieren dürfen, „learning by doing“ (Lernen durch Ausprobieren). Baden-Powell wollte auch seine Vorstellungen von zeitgemäßer Jugendarbeit erproben. Für ihn war es ein großes Experiment. Der Erfolg war enorm. Es war die Geburtsstunde der Pfadfinderbewegung.

„Scouting for Boys“

Robert Baden-Powells Popularität, die mit dem Sieg von Mafeking einherging, machte Jugendliche auf seine Bücher aufmerksam. Besonders sein Werk „Aids to Scouting”, ursprünglich für den militärischen Bereich geschrieben, wurde von den jugendlichen Lesern begierig aufgenommen. 1908, also kurz nach dem Zeltlager auf Brownsea Island, erschien „Scouting for Boys”.

Das war ein keines Heft, mit dem sich Baden-Powell ganz bewusst an Jugendliche wandte, die nicht beim Militär dienten. Er wollte ihnen etwas von seinen Erfahrungen weitergeben, die er als Offizier mit seinen jugendlichen Kundschaftern vor allem bei der Verteidigung von Mafeking gemacht hatte. Auch seine Erlebnisse vom Pfadfinderlager auf Brownsea

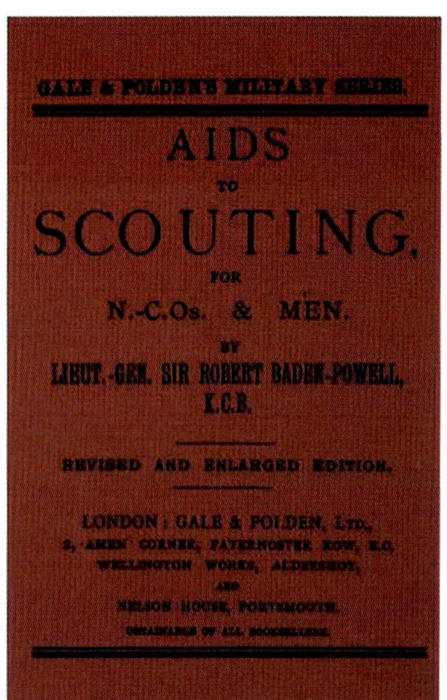

▲ Aids to Scouting“ ist ein Handbuch für Soldaten von Robert Baden-Powell aus dem Jahr 1899. Er schreibt darin über die militärische Ausbildung und wie man in der Natur überlebt. Archiv

▲ In „Scouting for Boys“ richtet sich Robert Baden-Powell bewusst an Jugendliche, die nicht in der Armee dienen. Er beschreibt darin seine Vorstellung des Pfadfinderseins. Titelseite der ersten Ausgabe Archiv

„Scouting for Boys“ – Titelseite der zweiten Lieferung. Archiv ▲

Island flossen mit ein. Auf dem Einband der ersten Ausgabe: Ein Pfadfinder mit Stock und Hut, der hinter einem Felsen liegt und ein Schiff beobachtet. Im Heft standen kurze, abenteuerliche Geschichten, verbunden mit vielen praktischen Tipps, wie man Zelte baut, Lagerfeuer macht oder sich im Freien orientieren kann.

Baden-Powell schrieb auch über seine Vorstellungen von den Grundzügen persönlicher Hygiene und wie junge Menschen dem Vaterlande nützlich sein können. „Scouting for Boys" war eine Mischung aus Survivalhandbuch und Ratgeber für eine bewusstere Lebensgestaltung, illustriert mit vielen Zeichnungen des Autors. Alle 14 Tage erschien eine Fortsetzungsgeschichte. Insgesamt waren es sechs verschiedene Hefte. Im Mai 1908 kam eine leicht überarbeitete Gesamtausgabe in Taschenbuchform und als gebundene Ausgabe auf den Markt. Diese Bücher wurden Baden-Powell regelrecht aus den Händen gerissen. Sie wurden innerhalb kurzer Zeit in viele Sprachen übersetzt. Die wöchentlich erscheinende Zeitschrift „The Scout" wurde ebenfalls ein voller Erfolg.

▲ *Die erste Darstellung eines Pfadfinders.* *BP, Archyiv*

Die ersten Pfadfinderinnen

Beim Schreiben seiner Bücher, bei Zeltlagern und Aktionen hatte Robert Baden-Powell zunächst nur Jungen im Blick. Das entsprach den gesellschaftlichen Vorstellungen zu Beginn des 20. Jahrhunderts. Damals schickte es sich nicht, dass Jungen und Mädchen an den gleichen Aktivitäten teilnahmen. Sportliche Betätigungen wie Rennen, Schwimmen oder Radfahren waren ohnehin nur Jungen und Männern vorbehalten.

▲ *Olave Baden-Powell, Mitbegründerin der Pfadfinderinnenbewegung, um 1920. Sie übernahm die Aufgabe von Agnes Baden-Powell.* *Archiv*

◄ *Olave und Robert Baden-Powell mit Anne Hyde Choate, 1926. Choate war eine frühe Führerin der Girl Scouts in den USA und in der World Association of Girl Guides and Girl Scouts.* *Archiv*

▲ *Olave und Robert Baden-Powell, um 1930* Archiv

▲ *Olave Baden-Powell besucht eine Gruppe von Pfadfinderinnen* Archiv

Von daher war Baden-Powell überrascht, als er beim ersten großen Pfadfindertreffen 1909 im Crystal Palace auch Mädchen traf, die sich als Pfadfinderinnen bezeichneten. Ungelegen kamen ihm diese Begegnungen nicht. Nun machte er Druck, bestand darauf, dass Pfadfinderinnen den Pfadfindern gleichgestellt werden sollten. Seine Schwester Agnes begann sich für die Bewegung zu interessieren. 1910 wurden die „Girl Guides" offiziell gegründet und von Agnes Baden-Powell geleitet.

1912 lernte Robert Baden-Powell auf einer Schiffsreise nach New York seine Frau Olave kennen. Sie heirateten, bekamen Kinder und widmeten sich fortan gemeinsam dem Aufbau der weltweiten Pfadfinderbewegung. Robert Baden-Powell kümmerte sich um die Jungen, Olave übernahm die Aufgaben von Agnes Baden-Powell und betreute die Mädchen. Ihr gemeinsamer Geburtstag, der 22. Februar, wird in beiden Pfadfinderverbänden als „Thinking Day" begangen.

„Zuerst hatte ich eine Idee, dann ein Ideal. Nun haben wir eine Bewegung."

Schon vor der Hochzeit nahm Robert Baden-Powell seinen Abschied vom Militär, um sich ganz der Pfadfinderbewegung zu widmen. Er hielt Vorträge, gründete ein eigenes Pfadfinderbüro, konzipierte Ausbildungskurse für Gruppenleiter und blieb mit vielen Pfadfindern im Kontakt.

Für viele Jugendliche bedeutete das Pfadfinder-Sein ein großes Abenteuer. Die Gruppen übernahmen verschiedene Aufgaben in den Gemein-

▲ *Pfadfinderlager, 1926* Archiv

den, nahmen an Wettbewerben teil oder halfen, größere Feiern zu organisieren. Viele Jugendliche schlossen sich der Bewegung auch an, weil Freunde dabei waren oder weil es für sie eine willkommene Abwechslung oder gar eine „Flucht" aus ihrem oft tristen Alltag war. Pfadfindergruppe war aber nicht gleich Pfadfindergruppe. Zwischen einzelnen Verbänden gab große Unterschiede, sowohl was ihre inhaltliche Ausrichtung betraf als auch die Art und Weise, wie die Zusammenkünfte organisiert worden sind. Viele Verbände konkurrierten sogar miteinander.

Der Ausbruch des Ersten Weltkriegs brachte vieles durcheinander. Die meisten Pfadfinderführer mussten zur Armee einrücken. Gruppenstunden abhalten oder ins Zeltlager fahren wurde schwierig. Unklar war zu-

◀ *Baden-Powell kauft ein Programmheft von Pfadfindern, die bei den Vorbereitungen für die Krönung von Georg VI. mithalfen.* Archiv

▲ *Die Kluft der Pfadfinder – die Pfadfinderuniform ähnelt der Uniform der South African Constabulary (SAC). Durch die Gründung dieser paramilitärischen Polizeitruppe im Jahr 1900 trug Baden-Powell viel zur Kontrolle der besetzten Burenrepubliken bei.* BP, Archiv

nächst auch, welche Rolle und welche Aufgaben die Pfadfinder in dieser Zeit übernehmen sollten. Baden-Powell stand vor einem Dilemma: Die Pfadfinderbewegung hatte zwar ihren Ursprung im militärischen Bereich, für ihn war aber von Anfang an klar, dass es sich nicht um eine militärische Organisation handelte. Im Lauf des Krieges kümmerten sich die Pfadfinder um Erste-Hilfe-Maßnahmen, sie arbeiteten als Pfleger in Krankenhäusern oder wurden als Meldegänger eingesetzt.

▸ *Baden-Powell am Schreibtisch.* Archiv

Die 1930er Jahre wurden schwierig. Fast alle großen Diktaturen versuchten, Traditionen und Ideen der Pfadfinderbewegung zu kopieren und für ihre eigenen Belange zu instrumentalisieren. Die meisten Pfadfinderverbände wurden verboten. Sie konnten ihre Arbeit erst nach dem Zweiten Weltkrieg wieder aufnehmen.

sloth which the church ... to write in the tale of its capital sins."

Lord Baden-Powell, Scout Leader, Dies

British Army Officer Started Boys, Girls Groups

NAIROBI, Kenya Colony, Jan. 8 (AP)—Lord Baden-Powell—a military genius who devoted much of his life to a peace organization, the Boy Scouts—will be buried tomorrow on a sunny slope of Mt. Kenya deep in the Africa he loved.

The man who won British acclaim as the defender of Mafeking in the Boer War died today at his home in Nyeri from a heart ailment.

Always interested in boys and girls, the outdoors and organizing youths in groups for instruction, he commenced a work that eventually led to the Boy Scouts, and formation of the Girl Scouts. From little groups in Britain, the movement spread.

FLEE BURNING HOME

CONCORD, N. H., Jan. 8 (AP)—Robert O'Donnell, his wife and daughter were forced to flee from their burning home here today, losing their belongings in the house which they had occupied only since June.

▲ *Robert Baden-Powell, der Gründer der Pfadfinderbewegung, ist tot, Zeitungsausschnitt.* Archiv

Letzte Botschaften

Im Sommer 1937, beim internationalen Pfadfindertreffen in Dänemark, wurde Robert Baden-Powell noch einmal mit Begeisterung empfangen. Es sollte sein letzter großer öffentlicher Auftritt werden. „Ich bin am Ende meines Lebens", rief er den Pfadfindern am Ende seiner Rede zu. „Jetzt lebt wohl, Gott segne Euch!" Im Winter 1937/38 wurden bei ihm schwere Herzprobleme festgestellt. Baden-Powell zog sich aus der Öffentlichkeit zurück. Hochgeehrt und geachtet verbrachte er den Lebensabend in seinem geliebten Afrika. Vor seinem Tod schrieb er mehrere Briefe, in denen er sein Vermächtnis an die Pfadfinder formulierte. Manche Schreiben hatte er bereits in den zwanziger Jahren verfasst und sie bis zu seinem Tod versiegeln lassen. „Verlasst die Welt ein bisschen besser als Ihr sie vorgefunden habt", steht in seinem letzten Brief an die Pfadfinder. Robert Baden-Powell starb am 8. Januar 1941 mit fast 84 Jahren in Nyeri in Kenia. Seinen Grabstein ziert ein Kreis mit einem Punkt im Zentrum, das internationale Pfadfinderzeichen mit der Bedeutung: „Habe meine Aufgabe erfüllt und bin nach Hause gegangen."

◄ *Das Grabmal in Nyeri, Kenia.* Archiv

BE PREPARED

Von ersten Zeltlagern zur größten Jugend-bewegung der Welt

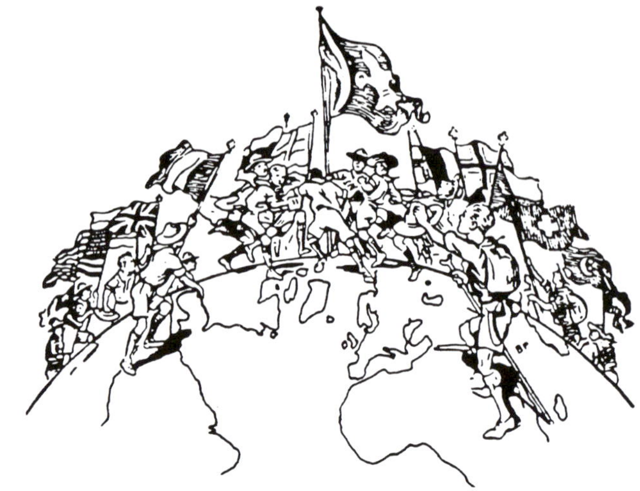

▸ *Jamboree: Weltpfadfindertreffen, wie Baden-Powell es sieht.* BP, Archiv

Alle vier Jahre in einem anderen Land: das World Scout Jamboree

Gründe für den Erfolg und die rasche Ausbreitung der Pfadfinderbewegung gibt es viele. Robert Baden-Powell selbst hat durch Lobbyarbeit und gezielte Pressekampagnen viel mit dazu beigetragen. Seine Bücher waren Bestseller. In Großbritannien gab es früh erste große Pfadfindertreffen auf nationaler Ebene. Doch der Gründer der Pfadfinderbewegung hatte Größeres vor, wollte die Bewegung einem internationalen Publikum bekannt machen.

Erste große internationale Treffen

1920, kurz nach Ende des Ersten Weltkriegs, fand das erste große internationale Treffen in London statt, ein „Jamboree", wie es in Pfadfinderkreisen genannt wird. 8000 Pfadfinder reisten an. Sie kamen aus 27 verschiedenen Ländern. Dieses Treffen war etwas Besonderes. Viele der

▸ *Die Arena im Londoner Stadtteil Olympia während einer der Veranstaltungen des Ersten Internationalen Jamboree, 1920.* Archiv

▲ *Logo der „World Organisation of the Scout Movement" (WOSM, oben) bzw. der „World Association of Girl Guides and Girl Scouts" (WAGGGS)* Archiv

Teilnehmer waren ein paar Jahre zuvor noch an der Front, mussten gegeneinander kämpfen. Jetzt saßen sie in großer Runde friedlich zusammen. Die Veranstaltung ähnelte einer Messe. Es wurden Ausrüstungsgegenstände ausgestellt, zwischen einzelnen Gruppen fanden Wettbewerbe statt, außerdem wurden Pfadfinderaktivitäten vorgeführt. Einige Jahre später, beim dritten World Scout Jamboree in Arrowe Park, nahmen bereits 30.000 Pfadfinder aus mehr als 65 Ländern daran teil. Viele weitere internationale Zusammenkünfte sollten folgen.

Die Pfadfinderbewegung ist heute die größte Jugendbewegung der Welt. Es gibt zwei große, voneinander getrennte Verbände. Der eine Verband ist die „World Organisation of the Scout Movement", WOSM abgekürzt. Dieser Verband nahm ursprünglich nur männliche Pfadfinder auf, versteht sich inzwischen aber als koedukative Organisation. Er ging aus dem 1920 gegründeten „Boy Scouts International Bureau" hervor. Die Weltorganisation der Pfadfinderinnen heißt „World Association of Girl Guides and Girl Scouts", kurz WAGGGS. Diese Organisation wurde 1928 von Olave Baden-Powell gegründet. Den Vorläufer „International Council" gab es bereits 1919. Beide große Weltpfadfinderverbände kooperieren heute in vielen Arbeitsbereichen, setzen in ihrer Arbeit aber durchaus unterschiedliche Schwerpunkte. Daneben existieren mehrere kleine unabhängige Verbände.

▲ *Poster des ersten Pfadfinderjamborees 1920 in London.* Archiv

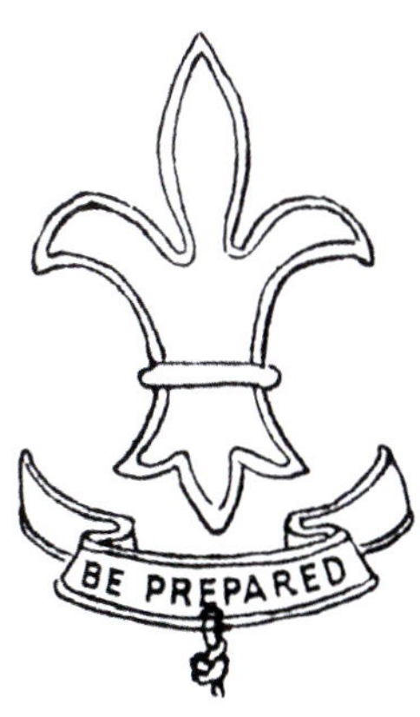

▲ *Die Pfadfinderlilie. Robert Baden-Powell wollte das Zusammengehörigkeitsgefühl der Pfadfinder durch Symbole sichtbar machen. Die Kompassnadel gehörte für ihn dazu. Zu seinen Zeiten waren sie in Lilienform gestaltet.* BP, Archiv

Mit den Wasabi-Dragons in Japan

Dass es Pfadfinder überall auf der Welt gibt, war mir schon bewusst. In diversen Pfadfinderzeitschriften wurde immer wieder über Gruppen im Ausland berichtet, auch über das Jamboree, das großen Weltpfadfindertreffen, das nur alle vier Jahre stattfindet. Dass ich einmal selbst daran teilnehmen sollte, habe ich als Wölfling noch nicht geahnt.

Auf diese Idee hat mich meine Mutter gebracht. Sie fragte, ob ich nicht Lust hätte, am Weltpfadfindertreffen 2011 in Schweden teilzunehmen. Natürlich war mein Interesse sofort geweckt. Es stellte sich allerdings heraus, dass ich nicht teilnehmen konnte, ich war noch zu jung. Vier Jahre später richtete Japan das Treffen aus. Ich war dabei! Über meine Leiter, David und Lucas, über Pfadfinderzeitschriften und das Internet erhielten

▲▼ *World Jamboree in Japan 2015*

Archiv: Leonard Peterlic

meine Eltern und ich Informationen über das Anmeldeprozedere und die nächsten Schritte.

Ich war der einzige aus unserem Stamm. Aus der ganzen Diözese fanden sich lediglich zwei weitere Pfadfinder, die die Reise nach Japan antreten wollten. Damit sich unsere Gruppe näher kennenlernen konnte, wurden im Vorfeld zwei Vorbereitungslager auf dem Bundeszeltplatz des Bundes der Pfadfinderinnnen und Pfadfinder (BdP) abgehalten. Wir wurden mit neun Teilnehmenden und einem Leiter in sogenannte „Patrols" eingeteilt. Diese Gruppen sollten auch in Japan Bestand haben. Verpflegung und Zelte wurde ebenfalls in den Patrols organisiert. Wir gaben uns den wegweisenden Namen „Wasabi Dragons". Wasabi ist eine Pflanze, die in der japanischen Küche als scharfes Gewürz verwendet wird. Uns war wichtig, dass wir uns beim Weltpfadfindertreffen mit der typisch deutschen Pfadfinderkultur präsentieren. Da nur die deutschen Pfadfinder Schwarzmaterial benutzen, also schwarze Zelte, wollten wir auf dem Jamboree in schwarzen Kohten übernachten. Das Material wurde vorausgeschickt, während wir mit dem Flieger zum Vorlager nach Japan flogen.

Das Jamboree selbst ist schon eine ganz eigene Nummer. Auf dem Gelände zelteten 30.000 Pfadfinderinnen und Pfadfinder aus der ganzen Welt. Es war ein riesiges Lager auf einer Halbinsel im Meer. Die offizielle Eröffnung war bombastisch. Es waren nicht nur die Leitung der „World Organisation of Scout Movement" (WOSM) und der „World Association of Girl Guides and Girl Scouts" (WAGGGS) anwesend, auch Vertreter der UNO in Japan und sogar der japanische Kronprinz hießen uns willkommen. Von den Patrols aus wurde das Lager erkundet. Erstaunlich war, dass wir nirgends abgewiesen wurden, im Gegenteil - wir waren überall herzlich willkommen. Da und dort wurden Kontakte intensiviert und Freundschaften geschlossen, Pfadfinder als weltweite Gemeinschaft wurde greifbar.

Da und dort wurden Kontakte intensiviert und Freundschaften geschlossen, Pfadfinder als weltweite Gemeinschaft wurde greifbar.

Die Lagerleitung stellte einige Tage des Jamborees unter ein bestimmtes Motto. Besonders in Erinnerung ist mir der „Culture Day" geblieben. Bei uns konnten Pfadfinder aus aller Welt eine Jurte aufbauen und natürlich Bratwurst essen. Auch andere Länder haben Landestypisches vorgestellt. An die arabischen Pfadfinderfreude erinnere ich mich, dort konnte man in einem echten Nomadenzelt einen Kaffee trinken, bei den US-Amerikanern gab es Marshmallows über dem Feuer, die Ungarn haben uns ihre Fähigkeiten mit der Peitsche präsentiert. Der „Environmental Day" wurde gemeinsam mit ortsansässigen Firmen gestaltet, die uns auf die vielfältigen Möglichkeiten, die Umwelt zu schützen, aufmerksam machten. Der „Water Day" hatte als Schwerpunkt Aktivitäten auf dem Wasser. Bewegend war für mich der Besuch der Gedenkstätte in Hiroshima. Im Museum wurden wir sehr eindringlich auf das Schicksal der Menschen zum Zeitpunkt des Atombombenabwurfs aufmerksam gemacht. In Japan gibt es die Legende, dass dem, der 1000 Origami-Kraniche faltet, von den Göttern ein Wunsch gewährt wird. Ein Mädchen aus Hiroshima, das den Atombombenabwurf überlebt hatte, machte diese Tradition populär. Auch wir Pfadfinder falteten solche Kraniche als Symbol und Bitte für Frieden und Völkerverständigung. Auf dem Lager erhielten wir auch die

▾ *World Jamboree in Japan 2015*
Archiv: Leonard Peterlic

Gelegenheit, eine japanische Schule zu besuchen. Schulen in Japan sind nicht mit deutschen Schulen zu vergleichen. Die japanische Lehranstalt erschien mir viel strenger, fast militärisch.

Die Verständigung auf dem Jamboree war zunächst eine Herausforderung. Natürlich war Englisch die Leitsprache, auch mit Französisch kamen wir weiter, oft half aber nur die Zeichensprache. Mit Händen und Füßen versuchten wir uns verständlich zu machen. Nach und nach haben wir sogar einige Brocken japanisch aufgenommen.

Nach dem eigentlichen Jamboree war für die deutsche Delegation noch eine Nachtour angesetzt. Wir reisten ein wenig durch das Land, zelteten auf einer Insel vor Japans langer Küste, besuchten Kyoto und Nara, zwei Hauptstädte des alten Japans, und nächtigten in Etagenhotels in Tokio. Wir besuchten auch ein Benediktinerkloster und wurden in der deutschen Botschaft empfangen. Nach dem doch sehr reglementierten Jamboree ging es auf der Nachtour etwas lockerer zu.

Wenn ich auf das Jamboree zurückblicke – es hat mich nachhaltig beeindruckt, wie prägend die Pfadfindergemeinschaft in vielen Bereichen der Gesellschaft ist und das weltweit. Die Offenheit in der Begegnung, die Neugierde aufeinander und auch die Toleranz, die in diesem Treffen eingeübt wurden, haben mich stark beeinflusst. Ich habe das Gefühl, dass ich offener und mit größerem Verständnis auf andere Menschen und deren Kultur zugehen kann. Der Besuch des Jamborees hat sich gelohnt.

Leonard Peterlic

▲ *World Jamboree in Dänemark 2017*
Archiv: Klara Holzheuser

Jamboree Dänemark 2017

Beim Jamboree in Dänemark in Sønderborg waren wir von der DPSG Weiterstadt mit neun Pfadfinderinnen und Pfadfindern vertreten. Unter Begleitung eines Leiters aus der Darmstädter Liebfrauengemeinde fuhren wir mit dem Zug von Darmstadt nach Hamburg, von wo aus es mit dem Bus auf den Zeltplatz nach Sønderborg weiter ging. Zusammen mit unserer dänischen Partnergruppe, die wir kurz zuvor kennengelernt hatten, und den insgesamt 40.000 Teilnehmern aus dem In- und Ausland besuchten wir die Eröffnungsfeier, auf der wir schließlich alle gemeinsam den Sonnenuntergang genossen. An den folgenden Tagen gab es ein umfangreiches Programm verschiedenster Aktivitäten wie etwa eine Busfahrt nach Sønderborg, eine Küstenwanderung oder eine Veranstaltung, bei der wir die unterschiedlichen Kulturen der Jamboreeteilnehmer kennenlernen konnten. Wir hatten auch die Möglichkeit, an verschiedenen naturwissenschaftlichen Versuchen teilzunehmen. Die Guides, die uns durch die Stationen geführt haben, mussten alles vom Dänischen ins Englische übersetzen. An freien Tagen waren wir im Meer schwimmen, spielten mit unserer Partnergruppe Karten, aßen Stockbrot (mit und ohne Schokolade) oder gingen ins Cafe. Nachdem wir unsere Zelte bereits abgebaut und den Rest der letzten Nacht wegen einer Gewitterwarnung schließlich im Kantinenzelt verbracht hatten, traten wir die Heimreise an und wurden in Darmstadt von unseren Eltern in Empfang genommen. Es war ein sehr programmreiches, anstrengendes, aber auch sehr schönes Lager mit vielen Eindrücken von Dänemark und Teilnehmern aus der ganzen Welt.

Katharina Vernaleken und Kim Strohauer

Über die Anfänge der Pfadfinderbewegung in Deutschland

Robert Baden-Powells Vorstellungen von zeitgemäßer Jugendarbeit faszinierten auch in Deutschland. 1909, also nur zwei Jahre nach dem ersten Pfadfinderzeltlager auf Brownsea Island, übertrug Stabsarzt Alexander Lion „Scouting for Boys“ ins Deutsche. Es war keine direkte Übersetzung der englischen Originalausgabe. Lion versuchte vielmehr, Baden-Powells Werk „mit frischem deutschen Geiste zu durchdringen“, wie er im Vorwort schreibt „und an die deutschen Verhältnisse anzupassen“.

Das Pfadfinderbuch
unter Mitarbeit von
Hauptmann Maximilian Bayer
Oberleutnant Graf R. v. Bothmer
Professor Dr. Ludwig Kemmer
Hauptmann Freiherr C. v. Seckendorff
herausgegeben von
Stabsarzt Dr. A. Lion
Zweite neubearbeitete Auflage
6.–10. Tausend
Verlag der Aerztlichen Rundschau
Otto Gmelin, München.

▲ *Das Pfadfinderbuch von Alexander Lion* Archiv

Deutschland befand sich damals im Umbruch. Die zunehmende Industrialisierung veränderte die Lebens- und Arbeitsbedingungen vieler Menschen. Zwölf oder vierzehn Stunden in den Fabriken zu schuften war keine Seltenheit. Auch Jugendliche und junge Erwachsene mussten hart arbeiten. „Das Wirtshaus, der Alkoholgenuss, der Tabak, das andere Geschlecht sind vielfach die einzigen Abwechslungen“, schreibt Alexander Lion. „Die Gefahr, dass die Jugend körperlich zurückgeht und geistig verroht, ist immer drohender geworden.“ Für ihn war es eine lohnende Alternative, sich den Werten der Pfadfinderbewegung verpflichtet zu fühlen, „auf dass ein starkes, charakterfestes und hilfreiches Geschlecht, gefestigt gegen alle Gefahren des modernen Lebens, zur Ehre unseres Volkes heranwachse.“

Es war die Zeit, in der sich die alten, gesellschaftlichen Strukturen in Deutschland mehr und mehr auflösten. Das Vereinsleben spielte damals eine wichtige Rolle. Sportvereine wurden gegründet, Arbeitervereine entstanden. In vielen Dörfern gab es Genossenschaften oder die Freiwillige Feuerwehr, auch Gesangs- und Kriegervereine waren beliebt. Das Besondere an diesen Zusammenschlüssen war, dass sich Menschen

▲ *Pfadfinderbuch für junge Mädchen von 1912* Archiv

mit bestimmten gemeinsamen Interessen zusammenfinden konnten – unabhängig von ihrer Familie, ihrem Stand oder ihrem Beruf. Die Gemeinschaft war wichtig. In den Vereinen konnten sie Anerkennung erfahren und sich engagieren. Viele Menschen waren damals auch auf der Suche nach neuen Werten und neuen Formen der Lebensgestaltung. Um 1900 entstand die Wandervogelbewegung. Schüler höherer Schulen, aber auch Mädchen und Studenten schlossen sich zusammen, um ihre Freizeit gemeinsam draußen in der Natur zu verbringen. Was heute als harmloses Freizeitvergnügen gilt, war damals eine Protestbewegung. Die jungen Menschen lehnten sich gegen die engen gesellschaftlichen Vorgaben auf.

1912 erschien in Deutschland das erste Pfadfinderbuch für junge Mädchen, „ein anregender, praktischer Leitfaden für die heranwachsende, vorwärtsstrebende weibliche Jugend", so der Titel. „Ich wusste ja, es würde nicht so ganz leicht sein, an dieses Unternehmen heranzugehen in einer Zeit, in der es schon so viele Bücher und Vereine gibt, dass man meint, es wäre für ein neues Unternehmen überhaupt kein Platz mehr. Aber gerade der Grund, der mir als Hinderungsmittel erschien, wurde zu einer treibenden Kraft", schreibt Elise von Hopffgarten im Vorwort. Ihr Buch war in mehrfacher Hinsicht ungewöhnlich. „Für die Knaben und jungen Männer hatte sich schon seit einer Anzahl von Jahren der Zentralausschuss zur Förderung der Volks- und Jugendspiele bemüht, Spielplätze zu schaffen und Wander- und Turnfahrten zu veranstalten", schreibt sie, „aber mit den Mädchen stand es im Argen. Auf meinen Wanderungen durch den Thüringer Wald konnte ich leider nur zur Genüge feststellen, dass mir nirgends Mädchen auf den Spielplätzen begegneten, und es wurde mir auf meine Anfrage bei maßgebenden Kreisen bestätigt, dass Mädchenwanderungen nur in vereinzelten Gegenden Deutschlands veranstaltet würden." Elise von Hopffgarten gibt in ihrem Buch den jungen Mädchen praktische Tipps für das Leben im Freien. Sie schlägt Sportübungen vor, ebenso Tanzreigen, Singspiele und wichtige Handgriffe zur Selbstverteidigung. Ihre Leserinnen sollten auch den Fahrplan der Bahn lesen und Grundzüge der Körperhygiene kennen lernen. Aus heutiger Sicht – ein emanzipatorisches Buch, das junge Frauen ermuntern sollte, ihr Leben selbst in die Hand zu nehmen.

Vor Beginn des Ersten Weltkriegs gab es bereits über 100.000 Pfadfinder in Deutschland. Der Beginn des Krieges bedeutete eine Zäsur. Die meisten Pfadfinderführer mussten Militärdienst leisten. Viele Pfadfindergruppen lösten sich auf. Manchmal übernahmen Jugendliche die Leitung. Dadurch veränderte sich die Pfadfinderarbeit.

Die Deutsche Pfadfinderschaft Sankt Georg (DPSG)

Zwischen den einzelnen Pfadfinderverbänden in Deutschland gibt es große Unterschiede, sowohl was die inhaltliche Arbeit betrifft als auch die Art und Weise, wie das Pfadfinder-Sein gelebt wird. In Wuppertal, Beuthen, München, Berlin, Frankfurt am Main und Speyer entstehen erste katholische Pfadfindergruppen. Die Geschichte der Deutschen Pfadfinderschaft Sankt Georg (DPSG) beginnt offiziell am 7. Oktober 1929 in Altenberg. Dort schließen sich die verschiedenen katholischen Stämme zusammen. Anfangs sind es 800 Mitglieder. Sie werden in den katholischen Jungmännerverband (später BDKJ) aufgenommen. Seit 1971 ist die DPSG ein Mädchen- und Jungenverband, ab 2020 begreift sie sich als Kinder- und Jugendverband für Menschen aller Geschlechtsidentitäten.

▲ *St. Georg, Schutzpatron der Pfadfinder im symbolischen Kampf mit dem Drachen* BP, Archiv

deutsche pfadfinderschaft sankt georg

dpsg

▲ *Verbandslogo der Deutschen Pfadfinderschaft Sankt Georg (DPSG)* Archiv

Vom Selbstverständnis her will die DPSG die Gedanken der Pfadfinderbewegung mit denen der katholischen Jugendbewegung verbinden. Die Einfachheit wird betont, ebenso Naturverbundenheit, Wahrhaftigkeit und die Freiheit jugendlicher Gestaltungskraft. „Schwerpunkte des Pfadfindens liegen im gegenseitigen Zusammenhalt und in der persönlichen Weiterentwicklung, denn jeder Einzelne bringt ganz individuelle Stärken mit", steht auf der offiziellen Internetseite des Verbandes. Erwachsene werden in die Arbeit mit einbezogen. Der Verband steht Mitgliedern aus allen sozialen Schichten offen. „Unser Verständnis für die Welt beruht auf den Grundsätzen des christlichen Glaubens. Zudem übernehmen Pfadfinderinnen und Pfadfinder Verantwortung für die Natur und setzen sich für die Umwelt ein."

„Seid Mitspieler in Gottes Mannschaft"

Pfadfinden und Glaube? Muss das sein? Die Antwort darauf lautet natürlich: nein. Man kann genauso ein guter Pfadfinder, eine gute Pfadfinderin sein ohne Glaube oder Kirchenbezug. Genauso kann man auch Christ oder Christin sein, ohne in der DPSG aktiv zu sein.

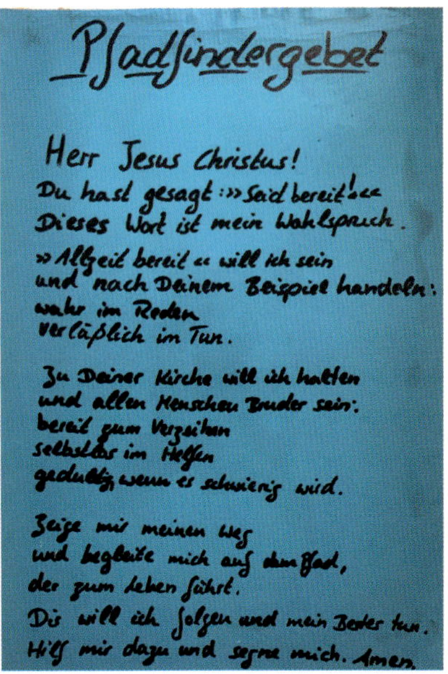

▲ *Pfadfindergebet* Archiv: Pfadfinderchronik

▲ *Fronleichnamsfeier im Braunshardter Schlosspark, 2017*
Pia Holzheuser

Und doch steht die DPSG der katholischen Kirche nahe, hat sich also den christlichen Glauben mit auf ihr Banner geschrieben. Ja, nicht nur den christlichen Glauben allgemein, sondern ganz konkret gelebt in und mit der katholischen Kirche.

Dabei gibt es zwischen Pfadfinderbewegung und eng gefasster Kirchendogmatik nicht immer nur Übereinstimmungen und Schnittmengen. Die katholische Lehre und die offene und bejahende Pfadfinderpädagogik scheinen sich manchmal zu widersprechen. Das kann auf den ersten Blick wie ein unüberwindbarer Graben wirken. Genauer betrachtet ist es das aber nicht immer. Die DPSG versteht sich nämlich als Teil der Kirche und ist mit Ihren Überzeugungen ein wichtiger Kirchort innerhalb der verfassten Kirche. Hier wirkt sie als katholischer Jugendverband und gibt auch immer wieder wichtige Impulse der Jugend hinein in die deutsche Kirche.

Aber wie versteht sich die DPSG als Kirche? Und gibt es wirklich so große Schnittmengen zwischen der Pfadfinderbewegung und dem christlichen Glauben, sodass eine Verbindung mit dem christlichen Glauben nicht nur möglich ist, sondern sogar logisch?

Die DPSG hat sich drei unterschiedliche Bilder gegeben, die ihr „Kirchesein" beschreibt. Diese drei Bilder sind: „Kirche als Gemeinschaft am Lagerfeuer", Kirche als „Trupp auf dem Hajk" und Kirche als „Bauleute einer lebenswerten Stadt". In diesen drei Bildern beschreibt sich die DPSG als Kirche vor Ort, als ganz eigener Kirchort innerhalb der weltweiten Gesamtkirche. Diese drei Motive sind Bilder, die aus unserem alltäglichen Pfadfinderinnen- und Pfadfinderleben stammen. Wir verbinden sofort etwas mit ihnen. Wir wissen, wie ein Lagerfeuer riecht, wie sich die Wärme anfühlt und wie schön die Gemeinschaft sein kann. Ganz egal ob mit oder ohne Gitarre: Ein Lagerfeuer ist für uns das Zeichen von Gemeinschaft. Wir erinnern uns aber auch gut an unsere Hikes, an die Wanderungen mit unterschiedlichen Wetterlagen. Regen, Schnee, Hitze oder unwegsames Gelände. Unser Pfad folgt nicht immer der einfachen, zementierten Straße. Als Pfadfinderinnen und Pfadfinder sind wir immer unterwegs und es zieht uns nach draußen in die Weite. Wir verstehen uns als wandernde Gemeinschaft. So wie das Sitzen am Lagerfeuer zu unserem Leben gehört, so auch das Umherziehen, Entdecken und Wandern. Schließlich ist es auch eine unserer Grundmotivationen, an einer guten Welt mitzubauen und diese zu gestalten. Als „Bauleute einer lebenswerten Stadt" versuchen wir, nach dem Pfadfindermotto „Versucht, die Welt ein bisschen besser zurückzulassen, als ihr sie vorgefunden habt“ daran mitzuwirken, diese Welt zu einer besseren zu machen. Das passiert in unserem Verband auf unterschiedliche Weise: Gutes tun für die Menschen, freundlichen und respektvollen Umgang, Offenheit, die Umwelt schützen und noch vieles mehr.

Diese drei Kirchenbilder der DPSG sind uns seit Kindertagen vertraut und finden sich genauso auch in der katholischen Kirche wieder. Natürlich heißen sie da anders und doch verbindet sich hier der christliche Glaube sehr gut mit der Pfadfinderbewegung.

Schauen wir uns das doch mal etwas genauer an: So ist unsere Gemeinschaft am Lagerfeuer, das sich gegenseitige Vertrauen und gemeinsame Lieder singen und Feiern, das, was auch in jedem Gottesdienst und darüber hinaus passiert. Christinnen und Christen treffen sich, feiern ihren Glauben, sehen sich als Gemeinschaft und versuchen, füreinander da zu sein und Wärme zu schenken. Schon Jesus sandte seine Jüngerinnen und Jünger zu zweit aus, nicht allein. Und in der Apostelgeschichte sind es die Christinnen und Christen, die sich in einer großen Gemeinschaft immer wieder neu versammeln.

So ist unsere Gemeinschaft am Lagerfeuer, das sich gegenseitige Vertrauen und gemeinsame Lieder singen und feiern, das, was auch in jedem Gottesdienst und darüber hinaus passiert.

Der Trupp auf dem Hike spiegelt sich im kirchlichen Gedanken wider, dass wir als Gemeinschaft immer unterwegs sind. Wir durchqueren dieses Leben von der Geburt bis zum Tod und sind daher immer ein „wanderndes Gottesvolk“. Die Bibel spricht sogar davon, dass wir unsere Behausung auf der Erde nicht endgültig haben, sondern sie nur ein Zelt für einen vorübergehenden Aufenthalt ist. Unser Leben ist ein Weg, ein Weg hin zu unserem Ziel. Aber wir sind auch auf dem Weg, weil wir immer auch an uns arbeiten, uns verändern. Wir bereuen vielleicht das eine oder andere oder ändern unsere Meinungen. Wir ändern uns täglich. Auch hier sind wir als Pfadfinderinnen und Pfadfinder in einer großen Gemeinschaft unterwegs, die uns auch in unserem persönlichen Wandel unterstützen und halten kann. Jesus spricht davon, dass wir umkehren sollen. Er meint damit, dass wir uns immer wieder selbst hinterfragen sollen, ob wir wirklich gerade die Person sind, die wir sein wollen oder nicht.

Und schließlich ist das Bild von den „Bauleuten einer lebenswerten Stadt“ das perfekte Bild für den Auftrag, den Jesus uns zuruft: „Liebt einander!“ Die christlichen Werte und Normen weisen uns immer wieder darauf hin, dass wir unsere Mitmenschen im Blick behalten sollen. Wir haben den Auftrag bekommen, in dieser Welt all jenen beizustehen, die unsere Hilfe bedürfen. „Jeden Tag eine gute Tat“ erinnert uns daran, dass wir diesen Fokus nicht aus den Augen verlieren dürfen. Auch die Frage nach dem Schutz unserer Umwelt ist eng mit der christlichen Lehre verbunden. Die Bewahrung der Schöpfung ist ein ebenso großes Thema in der Kirche, wie auch in der DPSG. Schon im Buch Genesis weist uns der Autor darauf hin, dass Gott uns einen Garten gibt, den wir Menschen bebauen und behüten sollen. Auch das bekannte Kirchenlied „Gott gab uns Atem“ setzt da seinen Fo-

▲ *Pfingstgottesdienst in Westernohe mit mehr als 5000 Pfadfindern* Andreas Köhler

▲ *Festgottesdienst 50-Jahr-Feier in Weiterstadt* Pia Holzheuser

kus: „Gott will nicht diese Erde zerstören, er schuf sie gut, er schuf sie schön." So ist auch das Kirchenbild der Bauleute einer lebenswerten Stadt eng mit dem christlichen Glauben verbunden.

Unterm Strich wird also ziemlich deutlich, dass die Grundsätze der DPSG gut mit den Grundsätzen des Christentums gedacht und kombiniert werden können. Doch wieso ausgerechnet katholisch? Glaube lebt sich besser in einer großen Gemeinschaft. Unsere ist die der katholischen Kirche. Wie das in Gemeinschaften so ist, streitet und diskutiert man auch gerne, ohne die Gemeinschaft selbst zu verlassen. Wir als DPSG sind mit unseren Meinungen und Konzepten ein wichtiger Teil dieser katholischen Kirche. Wir setzen wichtige Impulse, weisen in schwierigen Zeiten auf Missstände hin und erheben unsere Stimme für die Jugend. Wir profitieren aber auch von der unglaublichen, weltumspannenden Reichweite der Kirche und ihrer Mitarbeiterinnen und Mitarbeiter. Ist der Glaube also notwendig? Nein. Ist er logisch Teil der DPSG? Ja. Insgesamt ist es also gut, Teil dieser Mannschaft zu sein. Auch dann, wenn wir ab und an einmal einen Ball ins Aus spielen müssen. *Daniel Kretsch*

Die Pfadfindermethode

Wie wir gesehen haben, sind die Ausprägungen der weltweiten Pfadfinderbewegung durchaus unterschiedlich. Es gibt die traditionellen, „scoutistischen" Pfadfinderbünde und es gibt sehr progressive Gruppierungen, die ein modernes Pfadfindertum leben. Für das Terrain der „World Organization of Scout Movement" (WOSM), auf dem wir uns in der DPSG bewegen, gibt es jedoch klare Vereinbarungen zu den Kennzeichen pfadfinderischer Erziehung, die auch in der Ordnung des Verbandes festgehalten sind. Zuletzt wurde diese 2021 angepasst.

THE PROMISE

ON MY HONOUR
I PROMISE
THAT I WILL DO
MY BEST

(1) To do my duty to God, and the Queen.
(2) To help other people at all times.
(3) To obey the Scout Law.

THE SCOUT LAW

(1) A Scout's honour is to be trusted.
(2) A Scout is loyal to the Queen, his Country, his Scouters, his parents, his employers, and to those under him.
(3) A Scout's duty is to be useful, and to help others.
(4) A Scout is a friend to all, and a brother to every other Scout, no matter to what country, class or creed the other belongs.
(5) A Scout is courteous.
(6) A Scout is a friend to animals.
(7) A Scout obeys orders of his parents, Patrol Leader, or Scoutmaster, without question.
(8) A Scout smiles and whistles under all difficulties.
(9) A Scout is thrifty.
(10) A Scout is clean in thought, word and deed.

▲ *Pfadfinderversprechen und Pfadfindergesetz* Archiv

Über die Prinzipien pfadfinderischer Erziehung

Allen Pfadfindergruppen gemein sind die drei Prinzipien des Pfadfindertums, wie sie schon Robert Baden-Powell formuliert hat: Duty to God, duty to others, duty to self. Wir finden diese drei Säulen der Pfadfinderei im traditionellen Pfadfindergruß wieder, bei dem der rechte Unterarm hochgehalten wird, die drei mittleren Finger hochgestreckt werden und der Daumen den kleinen Finger bedeckt. Und auch bei der Lilie als weltweitem Zeichen der Pfadfinderei lässt sich diese Dreigliedrigkeit erkennen. Die Verantwortung gegenüber Gott baut darauf, dass wir Menschen spirituelle Wesen sind, ihre Entsprechung, ihre Mensch-Werdung, in Gott suchen. Dabei ist es nicht von Belang, dass Glaube und Spiritualität unterschiedlich gelebt werden. Pfadfinder und Pfadfinderinnen achten die Religion aller Menschen als Ausdruck ihres Glaubens und setzen sich in diesem Sinne für das gegenseitige Verständnis ein. Dazu gehört aber auch, dass sie ihren eigenen Glauben kennen und aus ihm heraus handeln. Die Verpflichtung gegenüber anderen stellt uns in Bezug zu unseren Mitmenschen, zu unserem Land, zur Gesellschaft, in der wir leben, aber auch weltweit. Sie fordert Loyalität unserem Herkunftsland gegenüber, aber immer im Sinne von Frieden und Völkerverständigung. Dieses Prinzip stellt die Pfadfinderinnen und Pfadfinder auch in die Verantwortung, sich unter Achtung der Menschenwürde und Sorge um die Natur gesellschaftlich zu engagieren, an dem Ort, an dem sie leben, getreu dem Motto: „Die Welt ein Stückchen besser zu verlassen, als wir sie vorgefunden haben." Die Verpflichtung gegenüber sich selbst stellt die Verantwortung für die eigene Person in den Mittelpunkt. So ist die Erfahrung der Selbstwirksamkeit, das Spüren, dass das eigene Tun und Handeln Folgen hat, ein zutiefst pfadfinderisches Prinzip, das sich auch in der Methodik „Learning by doing" wiederfindet so-

„Allen Pfadfindergruppen gemein sind die drei Prinzipien des Pfadfindertums, wie sie schon Robert Baden-Powell formuliert hat: Duty to God, duty to others, duty to self."

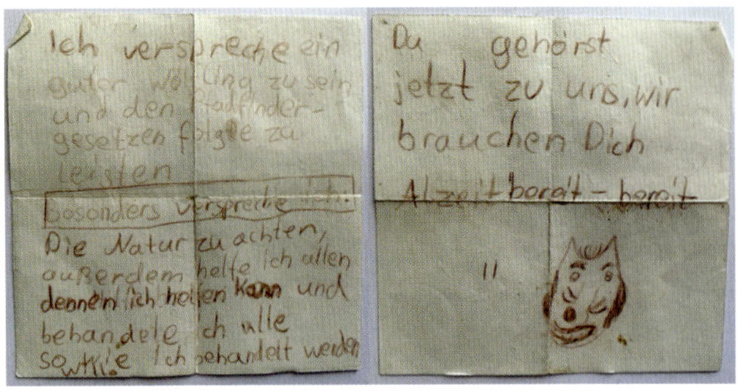

Ich verspreche ein guter Wölfling zu sein und den Pfadfindergesetzen folge zu leisten
besonders verspreche ich:
Die Natur zu achten, außerdem helfe ich allen denen ich helfen kann und behandele ich alle so wie ich behandelt werden

Du gehörst jetzt zu uns, wir brauchen Dich
Allzeit bereit – bereit

▲ *Versprechenstext eines Wölflings* Archiv: Pfadfinderchronik

26.4.91 Georgstag

Auch dieses Jahr war der Georgstag wieder Anlaß für eine Versprechensfeier. Aber dieses Jahr war es etwas Besonderes. Denn zum 1. Mal wurde im Stamm Weiterstadt ein Leiterversprechen abgelegt.
Schon im Januar auf unserem Leiterwochenende stand das Thema "Leiterversprechen Ja oder Nein" zur Diskussion. Nach ausführlicher Für- und Widerargumentation waren diesmal einige entschlossen, ihr Leiterversprechen abzulegen. Da es das noch nie gab, bedurfte es einer intensiven Vorbereitung. So trafen sich Bene und Dette, die sich zum Versprechen entschlossen hatten des öfteren zum Gespräch, um Inhalt und Form zu besprechen. Auch Bine hatte sich entschlossen, aber sie war leider am Georgstag in Urlaub.
Bene erstellte ein Fragebuch, anhand dessen jeder persönlich sich Gedanken über sein 'Leiter sein' machen kann; orientiert an den Leitlinien der DPSG. Dieses Buch kann auch in Zukunft jedem Leiter, der sein Versprechen machen will, als Vorbereitung dienen.

Am Georgstag machten aber nicht nur Bene und Dette ihr Versprechen, sondern auch Wölflinge, Jufis und Rover.
Wir waren alle sehr aufgeregt, die Kinder wie die Leiter. Es ist schon ein besonderes Gefühl, wenn der ganze Stamm so feierlich zusammenkommt. Nach ein paar einleitenden Worten von unserem Kurat Pfarrer Wagner, waren die Wölflinge die ersten an der Reihe. Sie hatten sich schon in den letzten Gruppenstunden intensiv darauf vorbereitet und geprobt. Jeder Wölfling hatte sich 3 Leitlinien herausgesucht, die er für sich als besonders wichtig annahm. Er versprach vor der Wölflingsmeute ein guter Wölfling zu sein und den Leitlinien zu folgen.
In mühevoller Arbeit hatten die Leiter für jedes Kind eine Kerze mit Lilie und Datum verziert, die einer aus der Gruppe dann anzündete und überreichte.
Dann waren die Jufis an der Reihe, gefolgt von den Rovern. Alle hatten sich in den Gruppenstunden intensiv vorbereitet und darüber gesprochen, was das Versprechen für einen Pfadfinder bedeutet. Jeder hat sich Gedanken gemacht, welche Leitlinien ihm besonders wichtig sind. Von einigen Pannen im sprachlichen Bereich gewisser Leute abgesehen, meisterten alle ihr Versprechen mit dem nötigen Ernst.
Dann legten Bene und Dette ihr Leiterversprechen ab. Die Leiterrunde versammelte sich im Halbkreis um die beiden. Bene erläuterte nochmals für alle Anwesenden, daß dies das 1. Versprechen von Leitern im Stamm sei. Dann versprach sie und Dette:
Ich verspreche, daß ich meine Fähigkeiten und Kenntnisse für die Gruppenarbeit in der Deutschen Pfadfinderschaft St. Georg so gut ich kann einsetzen werde und will dabei den Leitlinien folgen.

Jeder erklärte nochmals für sich, was für ihn Leiter sein bedeutet und wo er besonderes Engagement einbringen will.
Zur anschließenden Eucharistiefeier brannten die Versprechenskerzen vor dem Altar. Der Georgstag wird allen, die dabei waren lange in Erinnerung bleiben. Anschließend feierten Leiter und Rover noch im Jugendheim den gelungenen Tag.

Dette

▲ *Versprechensfeier am Georgstag, April 1991* Archiv: Pfadfinderchronik

▼ *Versprechensfeier, Sommerlager in Schweden, 2015* Steffen Vowinkel

wie in dem Satz Robert Baden-Powells: „Paddle your own canoe". Kindern und Jugendlichen soll geholfen werden, sich zu verantwortungsbewussten und selbstbewussten Menschen zu entwickeln, die sich auch selbst nicht vernachlässigen.

Die Kennzeichen pfadfinderischer Erziehung

Um diese Prinzipien zu verfolgen, quasi aus ihnen herauswachsend, hat das Pfadfindertum eine besondere Methodik entwickelt, die zum großen Teil auf den Erfahrungen und Erlebnissen von Robert Baden-Powell aufbaut, die aber im Laufe der Jahre in den Pfadfinderverbänden auch immer weiterentwickelt und an die jeweilige Zeit angepasst worden sind. (Zum Beispiel ist man in der DPSG in den 1970er Jahren den Schritt vom reinen Jungenverband hin zu einem koedukativen Verband gegangen, dem damals einige Diskussionen vorausgegangen sind.) Die methodischen Bausteine sind als Hilfestellung für die Kinder und Jugendlichen zu sehen, sich selbst weiterzuentwickeln und ihren Platz in der Welt zu finden. Sie sind sozusagen der Rahmen, innerhalb dessen gelernt werden soll. In der DPSG baut man verbindlich auf die folgenden Bausteine, die nicht einzeln zu betrachten sind, sondern im Lauf einer pfadfinderischen Entwicklung ineinandergreifen. Deshalb sind sie hier alphabetisch aufgelistet:

Gesetz und Versprechen

Robert Baden-Powell hatte den Pfadfindern bereits ein „Gesetz" gegeben, zu finden im Buch „Scouting for Boys". Dieses Gesetz, wiederum in der Formulierung in den fortschreitenden Jahren immer mal angepasst, aber in der Intention nach wie vor gültig, gibt den Kindern und Jugendlichen Leitsätze, an denen sie ihr Handeln orientieren und auch bewerten können. Eine solche Bewertung mündet dann regelmäßig in ein „Pfadfinderversprechen" hinein, in dem sich die Kinder und Jugendlichen bewusst und reflektiert zu den Zielen der Pfadfinderei und zu dieser bestimmten Gruppe, zu der sie gehören, bekennen. Hierbei kommt auch die Sehnsucht des Menschen nach Ritualen und feierlichen Handlungen zum Tragen.

Groß- und Kleingruppe

Pfadfinderinnen und Pfadfinder treffen sich gewöhnlich einmal in der Woche zu ihren Gruppenstunden, und dann zusätzlich zu Fahrten und Lagern an Wochenenden und in den Ferien. Bei der Planung der Gruppenstunden wird, sofern die Gruppe groß genug ist, in Aktionen in der Großgruppe und solchen in der Kleingruppe unterschieden. Wenn sich die Gruppe zu Beginn eines Jahres neu zusammengesetzt hat und sich die Mitglieder schon ein bisschen kennengelernt haben, werden kleine Untergruppen gebildet, die in der Zukunft bestimmte Dinge gemeinsam tun und auch eine gewisse Eigenverantwortung bekommen, z. B. am Selbstversorgertag im Lager ein eigenes Essen kochen. Dabei haben diese Gruppen je nach Altersstufe unterschiedliche Namen: Bei den Wölflingen bilden mehrere „Rudel" eine „Meute", bei den Jungpfadfindern wird der „Trupp" in mehrere „Sippen" unterteilt. In der Pfadfinderstufe heißt die Großgruppe ebenfalls „Trupp", die Kleingruppen jedoch, falls es noch welche geben sollte, „Runden". Die Rover finden sich in „Runden" zusammen, bei ihnen gibt es keine festen Kleingruppenstrukturen mehr. Vorteil dieser Klein- und Großgruppenstrukturen sind neben einem großen Zugehörigkeitsgefühl, das sich bei den Kindern einstellt, vor allem die Möglichkeit demokratischer Erziehung. Dazu gehört auch die Erfahrung, mit Hilfe von Meutenrat, Truppversammlung etc., auf verschiedenen Ebenen Partizipation und Einflussnahme zu ermöglichen.

▲ *Holz hacken, Jungpfadfinder-Sommerlager, Brexbachtal, 2007* Archiv: Pfadfinderchronik

▲ *Zelt aufschlagen, Eltern-Kind-Lager in Groß-Gerau, 2012* Claudia Wehrle

Learning by doing

Dieses Motto, das Baden-Powell in seinem Buch „Scouting for Boys" erstmals verwendete, steht für einen zu seiner Zeit sehr modernen pädagogischen Ansatz des Lernens durch das eigene Handeln. Dabei werden durch das Reflektieren gemachter Erfahrungen (das können Erfolge wie Misserfolge sein) und des eigenen Ausprobierens neue Lernschritte gemacht, die wieder zu neuen Versuchen führen. Schon die jüngsten Kinder werden von ihren Leiterinnen und Leitern dazu angeleitet. So wird nicht nur das Lernen von Fertigkeiten und Fähigkeiten vorangetrieben, sondern auch die persönliche Weiterentwicklung der Kinder und Jugendlichen ermöglicht.

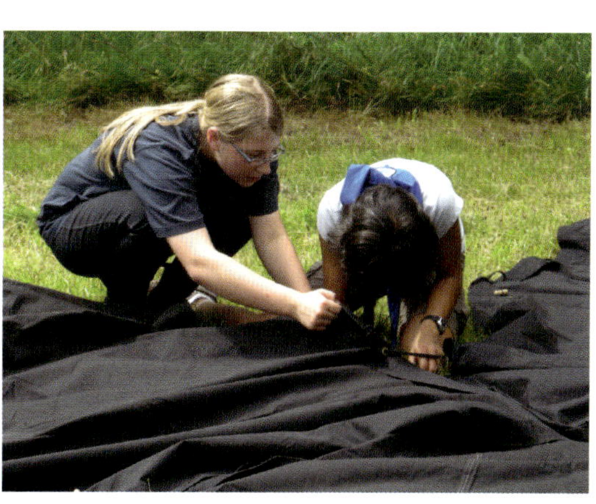

▲ *Zeltaufbau, Jufilager am Kloster Wirberg, 2012* Claudia Wehrle

Pfadfinder sind international

Die Verschwisterung der Gemeinde Weiterstadt mit Verneuil bei Paris nahmen auch wir zum Anlaß, Kontakt zu dortigen Pfadfindern zu knüpfen.
Das erste Treffen fand im Frühjahr 1989 statt, bei dem unser damaliger Vorsitzender Michael Lugert zusammen mit Herrn Hemmen, Mitglied des Verschwisterungskommitees in Verneuil zu Gast waren. Das Treffen mit den Vorsitzenden der Verneuiller Pfadfinder, die zu den "Scout Unitaire de France" gehören, galt neben dem persönlichen Kennenlernen auch dem Austausch über Aufbau, Struktur und Ziele der beiden Verbände SUF und DPSG.
Von beiden Seiten war der Wunsch geäußert worden, den Kontakt auszubauen und weitere Treffen zu planen.
So kamen im April 1990 auf unsere Einladung eine Gruppe von 7 Pfadfindern aus Verneuil für ein verlängertes Wochenende nach Weiterstadt. Nach der Begrüßung im katholischen Gemeindezentrum durch Frau Gärtner von der Gemeindevertretung, wurden die ersten Sprachschwierigkeiten überwunden und man kam bei Kaffee und Kuchen ins Gespräch. Untergebracht waren die 7 Jungen, die zwischen 19 und 25 Jahre alt waren, in den Familien unserer Gruppenleiter. Zu Besuch kamen nur Jungen, da in Frankreich die Gruppen von Jungen und Mädchen getrennt sind, während die DPSG seit 1971 koedukative Gruppenarbeit fördert.
Beim Bunten Abend am Freitag wurden deutsche und französische Lieder gesungen, Spiele ausprobiert und das Schulfranzösisch unter Beweis gestellt.
Samstags ging es dann nach Darmstadt, wo wir unseren Gästen die Sehenswürdigkeiten der Stadt zeigten. Eine Fahrt durch den Odenwald führte uns dann zum Felsenmeer, wo der Pfad über die Steine zu finden war.
Der gemeinsame Gottesdienstbesuch am Abend ließ uns noch einmal besonders unsere Verbundenheit als Pfadfinder spüren,und auch das anschließende gemeinsame Essen mit gemütlichem Beisammensein wird allen noch lange in guter Erinnerung bleiben.
Im November letzten Jahres dann, waren einige Weiterstädter Pfadfinder zu Gast in Verneuil, um das 20-jährige Bestehen des dortigen Verbandes SUF mitzufeiern.
Im Gegenzug haben die Verneuiller Pfadfinder ihren Besuch zu unserem Jubiläum angekündigt.
B.V.

WOCHENSPIEGEL Freitag, 27. April 1990

Gäste aus Verneuil

Pfadfindertreffen in Weiterstadt

WEITERSTADT (mh). Was vor einem Jahr begann, sollte nun in Weiterstadt fortgeführt werden. Pfadfinder der Scoute Unitaire de Race waren für das Wochenende vom 20. bis 22. April von den Georgspfadfindern aus Weiterstadt eingeladen worden.

Hierbei sollte die Bekanntschaft, die bei einem Verschwisterungstreffen im letzten Jahr geschlossen wurde, aufrecht erhalten und gefestigt werden. Damals war ein Pfadfinder aus Weiterstadt nach Verneuil sur Seine eingeladen und dort herzlich aufgenommen worden. Im Gegenzug hatten nun die Georgspfadfinder eingeladen und sieben Pfadfinder der Scoute Unitaire de France hatten die Einladung angenommen. Am letzten Freitag trafen sie am Rathaus in Weiterstadt ein. Dort wurden sie von den Pfadfinderleitern aus Weiterstadt empfangen und zum Gemeindezentrum der katholischen Kirche Weiterstadt gebracht. Hier erfolgte eine Bewirtung mit Kaffee und Kuchen.

Um 18 Uhr erhielten die französischen Pfadfinder von der Beigeordneten Tanja Gärtner die Grüße der Gemeinde. Anschließend ging es zu den Gastfamilien bei den Georgspfadfindern zum Ausruhen und Abendessen. Ab 20 Uhr gab es im Gemeindezentrum ein gemütliches Beisammensein mit Spielen und Austausch.

Am Samstag ging es zur Stadtführung nach Darmstadt, wobei Sehenswürdigkeiten wie Schloß, Hochzeitsturm, Mathildenhöhe, Museum und vor allem der Kapellplatz, Zeichen europäischer Verständigung auf dem Programm standen. Nach einem Imbiß gab es einen Ausflug über den Frankenstein zum Felsenmeer, was allen nach den anstrengenden Stunden eine echte Erholung war.

Für den Abend war ein Essen in Weiterstadt in einem Lokal angesagt. Hierbei wurden viele pfadfinderische Vorgehensweisen, Erlebnisse und Abenteuer ausgetauscht. Die französischen Pfadfinder hatten viel zu erzählen, so daß auch dieser Abend wie im Flug vorbeiging.

Am Sonntag morgen hieß es aber schon wieder Abschied zu nehmen. Bedingt durch den weiten Heimweg brachen die Franzosen bereits um 8 Uhr auf. Da Pfadfinder sich ohnehin als internationale Organisation verstehen, war dieses Pfadfindertreffen der verschwisterten Städte Weiterstadt und Verneuil ein gelungenes Dokument europäischer und internationaler Verbundenheit über alle Grenzen hinweg.

▲ *Besuch von den Pfadfindern aus Verneuil/Frankreich, April 1990*
Archiv: Michael Lugert (li.) bzw. Wochenspiegel vom 27.4.1990 (re.)

Lebendiges Mitglied der Gemeinde / Internationale Begegnungen

Pfadfinderinnen und Pfadfinder beschäftigen sich nicht nur mit sich selbst und ihrer Gruppe, sondern von jeher gehen sie auch nach draußen, in ihre Nachbarschaft, in die Gesellschaft und vor allem auch in andere Länder. Als „Freund und Freundin aller Menschen" ist ihnen der Wunsch nach Frieden und Verständigung zwischen den Völkern ein Herzensanliegen. Sie verstehen sich als Friedenspfadfinder und Friedenspfadfinderinnen. Die Pfadfinderei ist eine weltweite Bewegung. Deshalb gibt es regelmäßige Lager in anderen Ländern und mit anderen Nationen, die „Jamborees" genannt werden. Durch das Kennenlernen anderer Religionen und Kulturen bildet sich ein Verständnis auch für die eigene Herkunft und Überzeugung.

Mitbestimmung

Die Partizipation aller Gruppenmitglieder an der Gestaltung des pfadfinderischen Lebens, sei es in der Gruppenstunde, sei es im Zeltlager oder auch bei der Gestaltung des Gruppenraums oder bei der Stammesversammlung ist ein unverzichtbares Kennzeichen der Pfadfindermethodik. Als Experten und Expertinnen für ihre eigenen Wünsche und Bedürfnisses sollen die Kinder und Jugendlichen lernen, diese auch auszudrücken und für sie einzustehen. Dabei lernen sie aber auch, die Be-

▲ *Eltern-Kind-Lager Hauenstein*, 2009 Claudia Wehrle

dürfnisse anderer wahrzunehmen und mit ihren in ein Gleichgewicht zu bringen. Der demokratische Aufbau der Pfadfinderstämme fordert dieses Verhalten bei den Mitgliedern heraus, die dabei von ihren Leitern und Leiterinnen unterstützt werden.

Natur erleben

Es macht einen Pfadfinder von jeher aus, sich draußen in der Natur bewegen und dort auch überleben zu können. Dabei ist der Gedanke einer schützens- und erhaltenswerten Umgebung vorrangig, in der respektvoll mit allem Leben umgegangen wird. Pfadfinder und Pfadfinderinnen erleben so Abwechslung und Entschleunigung und füllen den Begriff der Nachhaltigkeit mit Leben.

◂ *Eltern-Kind-Lager Hauenstein*, 2009 Claudia Wehrle

▲ *Sommerlager, 2018* *Steffen Vowinkel*

Projektmethode

Die Projektmethode besteht aus aufeinanderfolgenden Phasen: Themenfindung, Beratung und Entscheidung, Planung und Durchführung, Projektabschluss und Projektreflexion. Die pfadfinderischen Gruppenstunden und Unternehmungen zeichnen sich in der Regel dadurch aus, dass hier kein von den Leitern und Leiterinnen vorgegebenes Programm abgespult oder den Kindern etwas Fertiges vorgesetzt wird. Die Inhalte der Treffen orientieren sich vielmehr an den Bedürfnissen der Kinder und Jugendlichen. Dabei fordert das Leitungsteam auf altersgemäße Weise die Gruppenmitglieder heraus, sich ihrer Interessen und Bedürfnisse bewusst zu werden, diese zu äußern und mit denen der anderen in Abstimmung zu bringen. Daraus entwickelt die Gruppe planvoll und demokratisch ein gemeinsames Projekt, das sie für die nächsten Wochen oder Monate beschäftigt. Die anschließende Reflexion des Projekts und das angeleitete Feedback der anderen zum eigenen Handeln lässt jede/n Einzelne/n daran wachsen und sich weiterentwickeln.

▼ *Stufenwechsel*
Archiv: Pfadfinderchronik

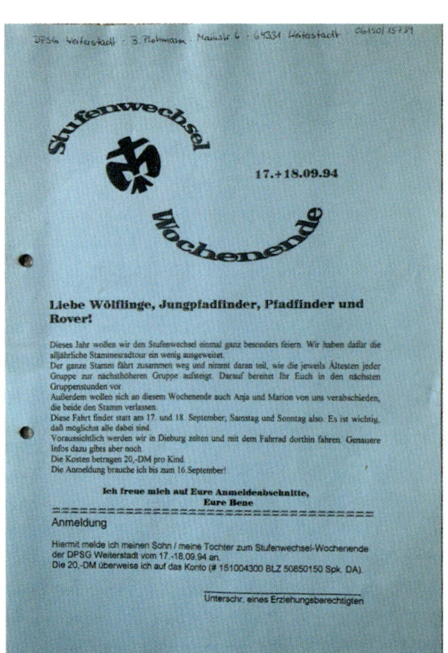

Stufenwechsel Wochenende

17.+18.09.94

Liebe Wölflinge, Jungpfadfinder, Pfadfinder und Rover!

Dieses Jahr wollen wir den Stufenwechsel einmal ganz besonders feiern. Wir haben dafür die alljährliche Stammesradtour ein wenig ausgeweitet.
Der ganze Stamm fährt zusammen weg und nimmt daran teil, wie die jeweils Ältesten jeder Gruppe zur nächsthöheren Gruppe aufsteigt. Darauf bereitet Ihr Euch in den nächsten Gruppenstunden vor.
Außerdem wollen sich an diesem Wochenende auch Anja und Marion von uns verabschieden, die beide den Stamm verlassen.
Diese Fahrt findet statt am 17. und 18. September, Samstag und Sonntag also. Es ist wichtig, daß möglichst alle dabei sind.
Voraussichtlich werden wir in Dieburg zelten und mit dem Fahrrad dorthin fahren. Genauere Infos dazu gibts aber noch.
Die Kosten betragen 20,-DM pro Kind.
Die Anmeldung brauche ich bis zum 16.September!

Ich freue mich auf Eure Anmeldeabschnitte,
Eure Bene

Anmeldung

Hiermit melde ich meinen Sohn / meine Tochter zum Stufenwechsel-Wochenende der DPSG Weiterstadt vom 17.-18.09.94 an.
Die 20,-DM überweise ich auf das Konto (# 151004300 BLZ 50850150 Spk. DA).

Unterschr. eines Erziehungsberechtigten

Stil und Kultur

So, wie die Pfadfinder auf der ganzen Welt unterschiedlich sind, so sind auch die Gruppen innerhalb eines Verbandes nicht alle gleich. Jeder Stamm entwickelt im Laufe der Jahre eine eigene Kultur und seinen persönlichen Stil, sei es bei der Vorliebe für bestimmte Lieder, sei es beim Stammeslogo, bei Stufenwechseln, Abschiedsritualen, beim Essensruf u. ä. Sie entstehen durch Traditionen und durch neue Impulse, das bedeutet auch, dass sie sich immer wieder auch verändern. Hier wird nach außen eine gewisse Unverwechselbarkeit hergestellt, nach innen aber auch ein Zusammengehörigkeitsgefühl, eine Identität geschaffen, die den Mitgliedern eine Art Schutzraum bietet, sich auszuprobieren und sich doch zuhause zu fühlen.

Stufenwechsel

In der Regel ist in der DPSG das Prinzip des Stufenwechsels zu finden. Das bedeutet, dass die Kinder dem

Alter nach in die nächsthöhere Gruppe „aufsteigen", nicht die ganze Gruppe die nächste Stufe erklimmt. Dies hat den ganz praktischen Nutzen, dass die Kinder in den neuen Gruppen nochmal die Chance auf neue Rollen haben. Keine Rolle (z. B. die des Gruppenclowns oder des Anführers o. ä.) bleibt dauerhaft gleich, jedes Kind, jede/r Jugendliche erlebt beim Start in die neue Gruppe einen richtigen Neuanfang, kann sich neu ausprobieren und einbringen. Den Gruppen bringt das wiederum immer wieder Erneuerung und Entwicklung. Dabei wird der Stufenwechsel bewusst vollzogen und gefeiert. Die Abschiedsphase in der Gruppe wird vorbereitet und gestaltet, es wird darüber nachgedacht, was den scheidenden Mitgliedern mit auf den Weg gegeben wird. Genauso wird aber auch überlegt, wie die neuen Mitglieder gebührend aufgenommen werden können, so dass ihnen ein guter Start gelingt. Die jeweiligen Leiter und Leiterinnen verbleiben dabei in ihrer Stufe und unterstützen die Kinder bei diesem Schritt.

Keine Rolle (z. B. die des Gruppenclowns oder des Anführers o. ä.) bleibt dauerhaft gleich, jedes Kind, jede/r Jugendliche erlebt beim Start in die neue Gruppe einen richtigen Neuanfang, kann sich neu ausprobieren und einbringen. Den Gruppen bringt das wiederum immer wieder Erneuerung und Entwicklung.

Benedikta Caspari

Pfadfinderarbeit im Bistum Mainz – Erfahrungen

Zu meinen frühesten Erinnerungen bei den Pfadfindern gehört ein Bezirksjufilager. Welche Leiter damals dabei waren, ob es eine Fahrradtour war (ich glaube schon), wo es hinging – das alles weiß ich nicht mehr. Ich habe allerdings noch deutlich vor mir, wie ich am Morgen an der Feuerstelle stand und mich fragte, warum der Stein unter meinen Gummistiefeln so glitschig war. Der Blick auf die Sohle der Schuhe klärte alles auf: Der Stein war noch so heiß, dass die Unterseite meines Stiefels angeschmolzen war. Damals hatte ich auch erfahren, dass wir als Stamm in Weiterstadt eingebunden waren in eine größere Gemeinschaft von Pfadfinderinnen und Pfadfindern, die an ganz unterschiedlichen Orten Jugendarbeit im Sinne Robert Baden-Powells betrieben.

Als ich selbst Leiter wurde, besuchten Benedikta und ich sehr regelmäßig die Veranstaltungen auf Bezirks- und Diözesanebene. Uns war die Vernetzung mit den umliegenden Stämmen sehr wichtig, konnte man doch im Austausch mit Leiterinnen und Leitern der gleichen Stufe gute Ideen für Projekte und Aktionen für die eigene Gruppenstunde entwickeln. Die Pfadfinder aus Groß-Zimmern haben beispielsweise ein Drachenfest gefeiert und auf einer Wiese dutzende Drachen steigen lassen. Die Pfadfinder aus Jugenheim haben eigene Fahrtenmesser hergestellt – alles Dinge, die wir mit unseren Jufis auch gerne gemacht hätten.

Die Veranstaltungen auf Diözesanebene hatten einen eigenen Schwerpunkt. Dadurch, dass zu diesen Treffen Leiterinnen und Leiter aus dem ganzen Bistum Mainz eingeladen waren, kamen locker über hundert Leute zusammen. Da ging schon bei der Eröffnung richtig die Post ab. Beim Leiterkongress und den Stufenkonferenzen wurden immer wieder Impulse gesetzt, die man für die Arbeit im Stamm oder der eigenen Gruppe gut gebrauchen konnte: Von der professionellen Öffentlichkeitsarbeit, über kooperative Abenteuerspiele oder Erlebnispädagogik bis hin zu spirituellen Angeboten wurde und wird einiges geboten. Auch die Diözesanlager waren echte Highlights. Auf Ebene des Bistums standen mehr Leute zur Verfügung, die sich engagierten. So konnte man seinen Gruppenkindern mal etwas Außergewöhnliches bieten. Ich erinnere mich, dass wir auf einem Diözesanjufilager einen Stationenhajk angeboten haben, bei dem die Kinder über zwei Tage mit Übernachtung irgendwo in der Pampa an gewissen Punkten Aufgaben zu bewältigen hatten. Ich war richtig stolz, als uns gesagt wurde, dass sich unsere Jufis sich bei der Überquerung eines Baches richtig gut angestellt hätten!

Dass die DPSG ein Jugendverband ist, der Anspruch hat und Anforderungen an seine Arbeit stellt, sorgte dafür, dass sich auch die Ausbildung der Gruppenleiterinnen und -leiter professionalisierte, was wiederum direkte Auswirkungen auf die Arbeit auf Bezirks- und Diözesanebene hatte.

Auf Diözesanebene wurde damals auch der erste Teil der Woodbadgeausbildung angeboten. Der Woodbadgekurs ist *der* Kurs für die Gruppenleitungen, nicht nur in der DPSG, sondern weltweit. Er ist international anerkannt. Alle Pfadfinderverbände, die sich im Weltbund der Pfadfinder zusammengeschlossen haben, machen den Woodbadgekurs. Überhaupt sorgt die Diözesanebene dafür, dass die Rahmenbedingungen für die Arbeit der Gruppenleiterinnen und -leiter stimmen, dass immer wieder Impulse in die Stämme gebracht werden, dass gute und wertige Ausbildungsveranstaltungen organisiert werden oder Unterstützung für die Stämme und Bezirke geleistet wird. Ebenfalls wichtig aber für die Gruppen vor Ort nicht sichtbar ist die jugendpolitische Interessenvertretung, die der Diözesanverband tätigt: Er vertritt die Interessen der Pfadfinder gegenüber Politik und Kirche. Ein Ergebnis dieser Arbeit ist beispielsweise die Jugendleitercard, die Vergünstigungen für die Gruppenleiterinnen und -leiter bietet.

Dass die DPSG ein Jugendverband ist, der Anspruch hat und Anforderungen an seine Arbeit stellt, sorgte dafür, dass sich auch die Ausbildung der Gruppenleiterinnen und -leiter professionalisierte, was wiederum direkte Auswirkungen auf die Arbeit auf Bezirks- und Diözesanebene hatte. Das Ausbildungskonzept sieht heute vor, dass mit neuen Gruppenleiterinnen und -leitern im Stamm ein Einführungsgespräch mit dem Stammesvorstand geführt wird. Der erste Ausbildungsabschnitt erfolgt dann im Bezirk. Für uns Weiterstädter nennt sich diese Ausbildung „Heldon Tour“. Auf „Heldon Tour“ folgt dann der Woodbadgekurs auf Diözesanebene. Damit findet die Gruppenleiterausbildung einen vorläufigen Abschluss. Als äußeres Zeichen bekommen die Absolventen des Woodbadgekurses wie zu Zeiten Robert Baden-Powells das Woodbadgehalstuch und die Klötzchen verliehen.

Die Arbeit auf Bezirks- und Diözesanebene hat durchaus ihren Reiz. Dies zeigt auch die Tatsache, dass seit Jahrzehnten ziemlich durchgängig Pfadfinder aus Weiterstadt Verantwortung übernehmen: als Mitglieder in diversen Arbeitskreisen, als Stufenreferentinnen und -referenten oder als Diözesanvorsitzende.

Für mich waren und sind die Treffen auf Diözesanebene vor allem deswegen interessant, weil dort Menschen zusammenkommen, die ähnlich ticken, eben Pfadfinder und echte Typen sind. Als junger Leiter hat mich schon fasziniert, wie Menschen (die damals so alt waren wie ich heute) die Idee der Pfadfinder in ihrem Leben weitertragen: Georg, der zwei Jahre als Entwicklungshelfer in Tansania gearbeitet hat und schon seit Jahren als Installateur-Meister seinen Beitrag zum Klimaschutz leistet, Albert, der seine jugendpolitischen Erfahrungen in der DPSG später in der Parteipolitik und als Bürgermeister einbringen konnte, Hans, der früher wie heute immer die Lilie auf Barret oder Jacke aufgenäht hat, Christine, die neben Beruf und Familie noch Zeit gefunden hat, den Austausch mit Bolivien zu organisieren, Hans-Robert Meier und Klaus, die jahrelang dafür sorgten, dass Veranstaltungen auf Diözesanebene auch solide finanziert waren. Die Liste ließe sich endlos weiterführen, macht sie doch deutlich, dass Pfadfinden mehr ist als eine Freizeitbeschäftigung: Pfadfinden ist eine Lebenseinstellung – nicht nur in Weiterstadt.

Stefan Caspari

Die DPSG Weiterstadt

Was wir alles gemacht haben

▲ *Sommerlager 1993 in Wings* Kathrin Caspari

▲ *Jufi-Sommerlager bei Kloster Wirberg, 2012* Claudia Wehrle

▲ *Sommerlager 2018* Steffen Vowinkel

Die besten Erinnerungen an meine Pfadfinderzeit sind auf Lagern entstanden

Carolin Wehrle muss nicht lange überlegen. „Die besten Erinnerungen an meine Pfadfinderzeit sind auf Lagern entstanden“, sagt sie. Anderen Pfadfindern geht es ähnlich. „Ich bin als Jugendliche auf mein erstes Lager mitgefahren“, erzählt Carina Burlon-Köhler. „Das war im Jahr 2000. Es ging nach Frankreich. Das Lager-Thema war ‚Star Trek‘. Mein Bruder meinte, ich solle mit! Danach habe ich kein Lager mehr ausgelassen.“ Auch Benedikta Caspari denkt gerne an die Zeit damals zurück. „Pfadfinder in meiner Kindheit? Freiheit pur! Austesten, was geht. Selbstbewusstsein und Durchsetzungsvermögen erlangen. Das Erleben der Natur ganz nah, direkt spürbar, 24/7, wie man heute sagt. Und dann der Kulturschock, wenn man nach zwei Wochen draußen schlafen wieder in ein Zimmer eingesperrt ist.“

Feuermachen

Das Lagerfeuer gehört meiner Meinung nach zu den wichtigsten Dingen auf einem Lager. Es bildet den Mittelpunkt der Zeltkonstellation, meist geschützt durch ein Jurtendach und mit unmittelbarer Verbindung zur Küche. Es hat viele verschiedene Funktionen.

Feuer ist praktisch.

Man kann darauf kochen, grillen, seinen Papiermüll entsorgen oder Wäsche trocknen. In kalten Nächten oder an regnerischen Tagen sorgt es für Wärme und es dient als Orientierungspunkt, wenn man in der Dunkelheit vom Klo zurückkommt.

▲ *Sommerlager 2016* *Steffen Vowinkel*

Feuer ist Mittelpunkt.

Das Feuerzelt ist auf jedem Lager der zentrale Treffpunkt und Sammelplatz. Von hier aus werden Touren gestartet, Ansprachen gehalten oder man trifft sich zum Essen oder zum gemütlichen Beisammensein. Besonders bei der allabendlichen Runde mit Gitarrenmusik, Gesang und Knabbersachen ist das Feuer im Zentrum.

Feuer macht Arbeit.

Damit ein Feuer brennt, braucht es einiges an Arbeit und Zuwendung. Zunächst muss genügend Feuerholz zusammengetragen und bei Bedarf passend gehackt oder gesägt werden. Trockenes Holz eignet sich dafür am besten. Beim Entzünden ohne Spiritus bedarf es einiges an Fingerspitzengefühl. Wenn das Feuer brennt, ist es wichtig, es stets im Auge zu behalten und das Holz-Nachlegen nicht zu vergessen. Besonders das Holzholen und Holzzurechtmachen bietet eine wunderbare Möglichkeit, bei Kindern und Leitern keine Langeweile aufkommen zu lassen.

▼ *Lagerfeuer stiftet Gemeinschaft*
Pia Holzheuser

▲ *Feuer ist Mittelpunkt, Sommerlager, 2005*
Stephan Schank

▲ *Feuer macht Arbeit. Eltern-Kind-Lager, 2011*
Claudia Wehrle

Überfälle

Ein anderes Pfadfinderlager überfallen? „Das macht Spaß", sagt Klaus Wehrle, „das ist Abenteuer." Vor vierzig Jahren dachten viele Pfadfinder im Stamm ähnlich, auch wenn es keine Garantie dafür gibt, dass Überfälle reibungslos funktionieren. Hier ein Auszug aus der Lagerzeitung vom Sommerlager 1982. Die Weiterstädter Pfadfinder waren auf dem Jugendzeltplatz Sauloch bei Coburg. „Wir wollten das Stuttgarter Lager überfallen, weil wir prüfen wollten, an andere Lager heranzukommen, ohne dass uns jemand bemerkte. Unsere Leiter gingen zu den Stuttgartern und machten aus, dass wir fair sind und dass sie das Banner, falls wir es kriegen, wiederbekommen. Aber am Tag des geplanten Überfalls fing es an in Strömen zu regnen. Deshalb konnten wir den Überfall nicht machen. Danach wollten wir das Kieler Lager überfallen. Unsere Leiter gingen wiederum zu den Leitern und sie vereinbarten, dass sie ein Banner draußen hängen lassen und eine Nachtwache aufstellen sollten. Aber unsere Leiter bemerkten, dass die Kieler kein Banner, sondern einen alten Lappen hängen hatten. Deshalb fiel auch dieser Überfall aus."

Ein anderes Pfadfinderlager überfallen? „Das macht Spaß", sagt Klaus Wehrle, „das ist Abenteuer."

Drei Jahre später auf dem Pfadfinderzeltplatz Gilwell Ada's Hoeve in Ommen/Holland. Ein Überfall aus Sicht der Leiter. Ulrike Blasius schreibt in der Lagerzeitung: „Der Samstag war gekommen. Heute sollten der Micky und noch einige andere kommen. Deshalb machten wir auch Nachtwache. Wir, die Leiter, wussten, dass die Anschleicher so gegen Mitternacht in Ommen ankommen sollten. Deshalb sind der T.B. und ich so gegen 12 Uhr runter zum Parkplatz gegangen. Wir waren kaum da, da sahen wir das Auto von Hanne und Micky auf den Parkplatz fahren. Nach der Begrüßung stellte sich heraus, dass die beiden gar nicht vorhatten, sich anzuschleichen. Wir mussten sie erst dazu überreden, denn wir wollten testen, wie gut unsere Nachtwache war. T.B. und ich gingen stillschweigend zum Platz zurück. Auf dem Platz sah ich, dass die Nachtwache nur rumstand oder am Feuer saß. Deshalb scheuchte ich die erst einmal auf. Ich saß dann mit Bene am Lagerfeuer und wartete und wartete. Die Nachtwache schien nichts zu sehen. Als wir glaubten, dass Hanne und Micky schon ganz in der Nähe sein mussten, sind die Bene und ich losgegangen, um die beiden selbst zu suchen. Wir waren ein paar Schritte gegangen, als wir etwas im Gebüsch hörten. Wir leuchteten hin und vor uns lagen die Überfäller. Wir waren ziemlich frustriert, dass die Nachtwache, die die ganze Zeit hier vorbeiging, nicht das fand, was wir in zwei Minuten gefunden hatten. Eigentlich sollte man sich ja auf die Nachtwache verlassen können!"

Die Kunst, ein schmackhaftes Essen zuzubereiten

Der Lagerküche kommt eine wichtige Bedeutung zu. Das wird schon beim Packen des Materials deutlich: Es wird (gefühlt) mindestens genauso viel Küchen- wie Zeltmaterial eingepackt: Töpfe, Pfannen, Gaskocher und Gasflaschen, Küchenmesser, Kochlöffel, Schöpfkellen, Schneidebretter, Besteck, Teller, Becher und vieles mehr. Das meiste davon in „Großküchenformat". Das hat auch Konsequenzen beim Einkaufen: Es wird eher in Kilogramm und Litern gerechnet, statt in Gramm und Millilitern. Doch damit nicht genug. Es stellen sich weitere Fragen, die im Alltag eher kein großes Problem darstellen: Gibt es Kühlmöglichkeiten? Wenn ja, was für Kapazitäten stehen zur Verfügung? Wie sieht es mit der Wasserversorgung aus? Muss man Kanister schleppen oder ist ein Wasserhahn in unmittelbarer Nähe? Wie wird das Wetter? Außerdem muss man ein anderes Zeitmanagement einplanen. Ob eine

◂ Claudia Wehrle

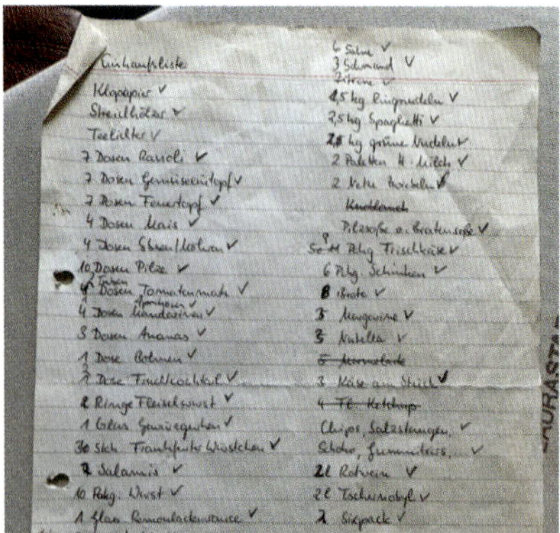

Einkaufsliste

Klopapier ✓
Streichhölzer ✓
Teelichter ✓
7 Dosen Ravioli ✓
7 Dosen Gemüseeintopf ✓
7 Dosen Feuertopf ✓
4 Dosen Mais ✓
10 Dosen Pilze ✓
4 Tuben Tomatenmark ✓
4 Dosen Mandarinen / Aprikosen ✓
3 Dosen Ananas ✓
1 Dose Bohnen ✓
1 Dose Fruchtcocktail ✓
2 Ringe Fleischwurst ✓
1 Glas Gewürzgurken ✓
30 Stck Frankfurter Würstchen ✓
2 Salamis ✓
10 Pckg. Wurst ✓
1 Glas Remouladensauce ✓

3 Schmand ✓
Zitrone ✓
4,5 kg Ringnudeln ✓
2,5 kg Spaghetti ✓
2 kg grüne Nudeln ✓
2 Paletten H-Milch ✓
2 Netze Zwiebeln ✓
~~Knoblauch~~
Pilzsoße u. Bratensoße ✓
9 Pckg Frischkäse ✓
6 Pckg. Schinken ✓
8 Brote ✓
3 Margarine ✓
3 Nutella ✓
~~5 Marmelade~~
3 Käse am Stück ✓
~~4 Fl. Ketchup~~
Chips, Salzstangen, ✓
Schoko, Gummibärs, ✓
2l Rotwein ✓
2l Tschernobyl ✓
2 Sixpack ✓

▲ *Einkaufsliste. „Es wird eher in Kilogramm und Litern gerechnet, statt in Gramm und Millilitern."*
Archiv: Pfadfinderchronik

▲ *Essensvorbereitungen. Sommerlager 2016* *Steffen Vowinkel*

oder zehn Zwiebeln geschnitten, die Bratkartoffeln in drei Fuhren angebraten oder statt drei Liter fünfzehn Liter Nudelwasser gekocht werden müssen, ist ein großer Unterschied. Es erfordert dementsprechend eine gute Planung und Kalkulation und auch eine gewisse Flexibilität. Es kommt vor, dass das Wetter die Ausflugsplanung zunichte macht. Die Milch kann anbrennen oder Käse wurde beim Einkaufen vergessen. Man muss kreativ und spontan sein. Und nicht vergessen, rechtzeitig das Spülwasser aufzusetzen!

Doch auch wenn die Ausstattung eher spartanisch ist, man kann wunderbare Gerichte in einer Lagerküche zaubern. Einige davon würde man daheim nie kochen, sie schmecken nur auf einem Lager richtig gut. Ein klassisches Beispiel dafür ist „Reisschlonz", ein „Resteverwertungsessen". Es ist ein Reistopf mit allem drin, was die Küche so hergibt: Paprika, Zwiebeln, Tomaten, Zucchini, Mais, Fleischwurst ... Der Fantasie sind keine Grenzen gesetzt. Ganz wichtig: Am Ende kommt noch eine ordentliche Portion Streukäse rein, der für die „schlonzige" Konsistenz sorgt. Die einen hassen es, die anderen lieben es. Und auch wenn man nicht jeden Tag sein Lieblingsessen bekommt, das schönste ist doch, mit den anderen am Tisch zu sitzen, zu quatschen oder Quatsch zu machen und hoffentlich nicht zum Spüldienst eingeteilt zu werden. Gemeinsam essen verbindet, egal ob in großer Lagerrunde oder im Kleinen zu Hause am Küchentisch.

Carolin Wehrle

▲ *Salatwaschen, 80-er Jahre* *Archiv: Pfadfinderchronik*

▲ *Backofen. Sommerlager, 2016* *Steffen Vowinkel*

„Ein Pfadfinder ist voller Findigkeit"

„Ein alter Pfadfinder ist voller Findigkeit. Aus allen Schwierigkeiten oder Nöten findet er einen Weg", schrieb Robert Baden-Powell vor mehr als hundert Jahren in seinem „Scouting for Boys". „Wir müssen heute immer noch findig sein", findet Carolin Wehrle und muss sofort an die lange Reise mit dem Bummelzug nach Scharbeutz an der Ostsee denken. Das war 2012. „Wir hatten keinen Bus zur Verfügung, mit dem wir unser Gepäck zum Zeltplatz hätten vorausschicken können", erzählt sie. „Wir mussten alles selbst tragen." Wer schon einmal eine längere Wanderung gemacht hat, weiß, wie schwer jedes Gramm wiegt! „Uns blieb gar nichts anderes übrig, als uns auf das Nötigste zu beschränken. Wir haben deshalb statt der Schwarzzelte aus dem Pfadfinderfundus einfache Plastikzelte mitgenommen. Diese Zelte waren viel leichter. Das normale Lagergepäck mussten wir ja auch noch mitnehmen."

Unvergessen auch die Fahrt nach Schweden im Sommer 2015. „Wir zelteten auf einer einsamen Insel. Es gab keine Nachbarn, keine Möglichkeiten zum Einkaufen, keine sanitären Anlagen, nur der See, die Insel, unsere Kanus und wir. Gebadet wurde im gefühlt vier Grad kalten, kristallklaren Wasser. Wenn wir einen Ausflug machen wollten, mussten wir erst einmal paddeln." Für Carolin war es eine besonders intensive Naturerfahrung. „Sieben von zehn Tagen hat es geregnet."

Thomas („Hasi") Hasenauer ist vor allem die Einfachheit der Fahrten in Erinnerung geblieben. „Es gab keine Toiletten, sondern nur Donnerbalken. Als Kühlschrank diente eine eingegrabene Kiste. Der größte Luxus war eine selbstgebaute Duschkabine im Bach. Der Küchendienst hat die Frühstücksbrote geschmiert mit ganz dünn Margarine und etwas Marmelade obendrauf. Die Brote wurden in einer Schüssel gestapelt. Oft war mehr Marmelade an der Unterseite als obendrauf. Einmal pro Woche gings ins örtliche Schwimmbad zur Grundreinigung, damit wir bei unseren Unternehmungen geruchlich nicht so auffielen. Wir waren kreativ, wussten uns mit Wenigem zu helfen. Wir brauchten nicht viel Geld. Dadurch wurde so ein Zeltlager für alle erschwinglich."

▲ *Bachkühlung – Sommerlager Brexbachtal, 2007* Archiv: Pfadfinderchronik

▲ *Regalbauten in der Küche. Stammes-Sommerlager in Schildmatt/Elsass, 2013* Steffen Vowinkel

▲ *Roverlager in Amsterdam, 2017* Steffen Vowinkel

▶ *Sommerlager in Verden, 1996* *Kathrin Caspari*

▶▶ *Turmbau* *Archiv: Pfadfinderchronik*

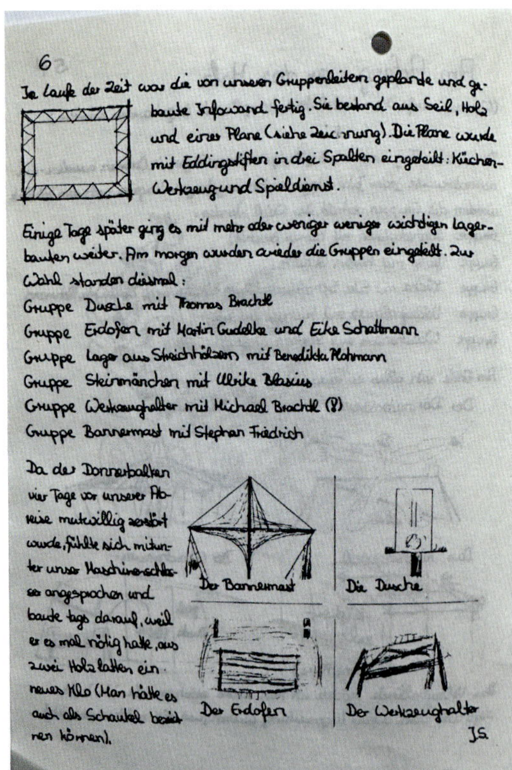

6

Im Laufe der Zeit war die von unseren Gruppenleitern geplante und gebaute Infowand fertig. Sie bestand aus Seil, Holz und einer Plane (siehe Zeichnung). Die Plane wurde mit Eddingstiften in drei Spalten eingeteilt: Küchen-, Werkzeug und Spüldienst.

Einige Tage später ging es mit mehr oder weniger wenigen wichtigen Lagerbauten weiter. Am morgen wurden wieder die Gruppen eingeteilt. Zur Wahl standen diesmal:

Gruppe Dusche mit Thomas Brachtl
Gruppe Erdofen mit Martin Gudelke und Eike Schattmann
Gruppe Lager aus Streichhölzern mit Benedikta Plohmann
Gruppe Steinmänchen mit Ulrike Blasius
Gruppe Werkzeughalter mit Michael Brachtl (?)
Gruppe Bannermast mit Stephan Friedrich

Da der Donnerbalken vier Tage vor unserer Abreise mutwillig zerstört wurde, fühlte sich mitunter unser Maschinenschlosser angesprochen und baute tags darauf, weil er es mal nötig hatte, aus zwei Holzlatten ein neues Klo (Man hätte es auch als Schaukel bezeichnen können).

▲ *Wie aus einfachen Holzlatten komplizierte Lagerbauten werden. Lagerzeitung vom Stammeslager in Ommen/Holland, 1985* *Text und Zeichnungen: Joel Sauvonnet*

Türme, Brücken, Donnerbalken

August 1987. Pfadfinderlager Brexbachtal. Aus der Lagerzeitung: „Wie in jedem Sommerlager so auch diesmal: Lagerbauten müssen her! Die wichtigste Lagerbaute war wohl der Turm. Von einer Hochplattform im Wald zwischen Bäumen und einem freistehenden Turm mit vier Beinen war alles Mögliche im Gespräch. Wir einigten uns schließlich auf ein Dreibein, weil es einfach zu bauen ist und wenig teures Bauholz benötigt. Es wurde vermessen, gerechnet, wieder vermessen, geplant, getüftelt. Vor allem die Aufstellung eines Neun-Meter-Ungetüms schien von vornherein Schwierigkeiten zu machen. Und so war es dann auch. Nachdem wir das Dreibein am Boden zusammengebunden hatten, wurden alle Jungpfadfinder, Wölflinge und wer sonst noch so rumstand herbeigerufen, um am Seil zu ziehen. Doch allzu gut durchdacht schien diese Methode nicht zu sein, denn der auf einem Bein stehende und von einer Seite am Seil hochgezogene Turm kippte seitlich ab und wäre fast weggerutscht und auf ein Zelt gefallen, wenn Joel sich nicht in einem Anfall von Arbeitswut auf das Ende der Stämme gesetzt hätte. Doch nach längeren Überlegungen, besonders von unserem architektonischen Genie Armin, gelang uns doch

◂ *Brückenbau über die Brex, Jufi-Sommerlager im Brexbachtal, 2003*
Andreas Köhler

noch dieser wohl schwierigste Teil des Turmbaus. Dann ging eigentlich alles ganz schnell: Es wurden die Querverbindungen zwischen den Beinen festgenagelt und gebunden und Stangen als Plattform draufgenagelt. Und endlich war es so weit: Der Turm stand da in voller Pracht und sollte uns für die Versprechen, als Glockenturm für die Essensglocke, als Bannermast und als Aussichtsplattform das ganze Lager hindurch dienen. Doch damit nicht genug: Von den Jungpfadfindern wurde unter Leitung von Hanne ein praktischer Werkzeugständer gebaut, der endlich verhinderte, dass das ganze Werkzeug in der Gegend herumflog. Unter der Leitung von Micky wurde von den Jungpfadfindern noch ein Geschirrständer gebaut. Dort konnte jeder den Teller mit seinem Namen vor dem Essen abholen. Der Spüldienst stellte ihn dann nach dem Spülen zum Trocknen wieder hin." An anderer Stelle schreibt Hasi: „Nur einmal, 1981 in Riveris bei Trier, ist der Turm beim feierlichen Hochziehen des Lagerkreuzes zusammengestürzt. Zum Glück wurde niemand verletzt. Überhaupt hatte wir bei all unseren Aktionen und den abenteuerlichen Fahrten mit unserem Pfadfinderbus, dem ‚Moby', immer einen großen Schutzengel."

Thomas („Hasi") Hasenauer

Man müsste mal ein Floß bauen …

Mai 1988. Solange es Pfadfinder in Weiterstadt gibt, so lange existiert die Idee „Man müsste mal ein Floß bauen …" Bei dem „man müsste mal" ist es fünfzehn Jahre geblieben. Erst 1987 wurde das Projekt „TITANIC II" endgültig von den Jungpfadfindern in Angriff genommen. „Eigentlich wollten wir die Eltern gar nicht einbinden", erinnert sich Micky. „Doch schon bald haben wir gemerkt, ‚wir kriegen das nicht hin'x. Schnell kamen Fragen auf. Braucht man für solch ein Projekt eine Genehmigung? Gibt es Richtlinien?

▲ *Zusammenbau der Flöße in Wetzlar an der Lahn* Michael Lugert

▲ *Stapellauf in Wetzlar* Hanne Lugert

▲ *Vor der Einfahrt in die Schleuse* Michael Lugert

Braucht man einen Bootsführerschein? Also haben wir die Eltern zu einem Elternabend eingeladen und unsere Pläne vorgestellt." Womit die wenigsten gerechnet hatten: Die meisten Eltern waren gleich Feuer und Flamme von dem Projekt. „Das Vertrauen, das uns entgegengebracht wurde, war unglaublich."

Aus dem Fahrtenbericht: „Während die damaligen Leiter Hanne und Michael Lugert zusammen mit den Eltern das Organisatorische berieten (Vorschriften des Wasser- und Schifffahrtamtes, erforderliche Führerscheine etc.) schmiedeten die Kinder Pläne, absolvierten einen Erste-Hilfe-Kurs und bildeten Mannschaften für die geplanten zwei Flöße. Fest stand: Wir bauen die Dinger! Auf dem Gelände einer Darmstädter Sanitärfirma wurden die Flöße aus Paletten und Balken zusammengeschraubt. In Wetzlar wurden die Flöße dann zu Wasser gelassen. Auf den Gesichtern der Väter konnte man sehen, dass sie am liebsten selbst mitgefahren wären. Einige ließen es sich nicht nehmen, die Flusskilometer bis zur ersten Schleuse mitzupaddeln, andere wollten am ersten Abend wenigstens die Zelte aufbauen. Übernachtet wurde jeweils auf einer der zahlreichen Schleuseninseln. Auf der weiteren Fahrt wurden die unterschiedlichsten Techniken zur Fortbewegung erprobt. Es wurde gepaddelt und bei richtigem Wind ein Bettlaken als Segel gehisst. Die Treideltechnik (das Ziehen der Flösse vom Ufer aus) probierten wir bei geringer Strömung aus. Die Kinder konnten so selbst erleben, wie mühsam die Schifffahrt in früheren Zeiten auf der Lahn war. Die Fahrt ging vorbei an Burgen und wunderschönen Landschaften. In Weilburg wurde sogar ein Schiffstunnel durchquert. Besonders aufregend war das Passieren der zahlreichen Schleusen, die aus der Mitte des vorigen Jahrhunderts stammten und heute noch von den Benutzern mit der Hand selbst bedient werden. Nicht nur den Kindern hat das sehr viel Spaß gemacht. Nach vier erlebnisreichen Tagen endete die Fahrt in Villmar, wo die Flösse wieder demontiert und verladen wurden."

Wofür benötigt ein Fahrzeug überhaupt ein Getriebe?

April 1990. Ausflug mit Pfadfinder-Gästen zum Felsenmeer im vorderen Odenwald. Es begab sich bei einer Ausflugsfahrt mit den von uns eingeladenen französischen Pfadfindern, dass der Kupplungszug unseres Pfadfinderbusses „Moby“ uns während der Fahrt zum Felsenmeer seine Dienste versagte. Bemerkbar machte sich diese Tatsache für mich als Fahrer dadurch, dass ich bei laufendem Motor plötzlich keine Gänge mehr einlegen konnte. Ich übergab Armin das Steuer. Er dachte, er könne diese Situation noch etwas retten. Tatsächlich kamen wir mit unseren französischen Gästen und unserem „Moby Dick“ bis zum Felsenmeer, wobei Armin auf dieser Etappe und zu unserem Erstaunen mit viel Geschick noch in der Lage war, während der Fahrt die Gänge zu wechseln (auch wenn der dritte Gang sich trotzdem strikt weigerte und das Getriebe beim Schalten manchmal die typischen „Kupplung-nicht-getreten“-Geräusche von sich gab). Am Felsenmeer starteten wir unseren Spaziergang. Hasi blieb zurück, um den Bus zu untersuchen beziehungsweise zu reparieren. Nach unserer Rückkehr bekamen wir aber von Hasi die Mitteilung, dass der Kupplungszug bis zur Ankunft am Felsenmeer noch von einigen wenigen Fasern zusammengehalten worden war, dass er nun aber vollständig gerissen sei. Schalten war nun unmöglich. Was tun? Nach viel Verwirrung und unter Zeitdruck (wir wollten in Darmstadt–Arheilgen den Gottesdienst besuchen) entschieden wir, dass Anita und Bene mit ihren Autos und mit möglichst vielen von uns nach Arheilgen vorausfahren sollten. Armin fuhr den „Moby“. Ein paar von uns fuhren im „Moby“ mit. Sie waren das „Moby-Anschiebe-Team“. Da Armin den Pfadfinderbus nicht mehr schalten konnte, legte er von Beginn an den zweiten Gang ein. Bei verkehrsbedingtem Halten musste er, um zum Stehen zu kommen, jedes Mal den Motor abschalten. Die Aufgabe des „Anschiebe-Teams“ bestand nun darin, bei jedem Halt auszusteigen und wenn das Auto wieder anfahren sollte, mit der eigenen Muskelkraft den Bus so zu beschleunigen, dass er (ohne Kupplung!) im zweiten Gang anfahren konnte. Das „Anschiebe-Team“ musste während der Fahrt wieder aufspringen. Unserer Reisegeschwindigkeit betrug etwa 40 km/h. Bei jedem Halt wurden wir von Schaulustigen in den anderen Autos bestaunt und nach gelungenem Start beglückwünscht. Kurzum – wir waren die Attraktion auf Darmstadts Straßen! Mit dreißig Minuten Verspätung erreichten wir den Gottesdienst in Arheilgen. Fazit: Ein VW-Bus mit 50 PS ist abenteuerlicher, sportlicher und interessanter als jeder Porsche!

Markus Gut

▲ *Der Pfadfinderbus „Moby Dick“*

Archiv: Pfadfinderchronik

Fazit: Ein VW-Bus mit 50 PS ist abenteuerlicher, sportlicher und interessanter als jeder Porsche!

Weißt Du noch, damals …

Das Pfadfinderlager in Kandersteg

Sommer 1991. Aus der Pfadfinderchronik: „Vom 30. Juni bis 12. Juli wollten wir, acht Pfadfinder und zwei Leiter, nach Kandersteg in die Schweiz auf den internationalen Pfadfinderzeltplatz fahren. Wie gesagt ‚wollten', denn drei Tage vor der Abfahrt streikte der Motor von unserem Pfadfinderbus. In der Werkstatt war man nicht bereit, für uns Überstunden zu machen, also konnten wir erst am Montag losfahren. Ankunft in der Schweiz: Viertel vor drei Uhr morgens. Unsere erste Tat bestand darin, den beiden Leuten, die mit unserem Gepäck vorgefahren waren und jetzt ahnungslos in ihren Schlafsäcken lagen, das Zelt über dem Kopf abzubauen. Einziger Kommentar: ‚Zertrampelt meine Brille nicht!' Wir hatten im Lager viel vor, wollten unter anderem das Abenteuerabzeichen machen. Dafür mussten wir einiges tun. Eine Wanderung ging oberhalb von Kandersteg zum Oeschinensee. Das ist ein Bergsee mit kristallklarem Wasser. Er wird von den Gletscherbächen der umliegenden Dreitausenderberge gespeist. Das Wasser ist eiskalt. Wir mussten darin baden. Außerdem stand auf dem Programm ein Kletterkurs (Climbing-Workshop) und eine Wanderung zu einem Gletscher auf über 2000 Meter Höhe. Darauf kommen wir noch zu sprechen. Wir besichtigten noch eine Bergkäserei, übernachteten auf einer Berghütte auf 2500 Metern Höhe und nahmen an einigen Veranstaltungen des Pfadfinderzentrums teil. Doch zuerst zum Climbing-Workshop: Am Sonntagabend liefen wir mit schwerem Gepäck (unter anderem beladen mit Schlafsäcken, die wir gar nicht gebraucht hätten, weil genug Decken vorhanden waren) zu der Kandersteg International Scout Camp eigenen Hütte. Das war eine Wanderung von fast drei Stunden. Doch anstatt, wie man es von vernünftigen Menschen erwarten kann, den Schlaf vorzuholen, zockten wir die halbe Nacht durch. So kam es, dass wir am nächsten Morgen, reichlich verpennt, so nebenbei registrierten, dass jemand die Sicherheitsknoten für das Klettern erklärte. Das hatte zur Folge, dass Steve, unser Kursleiter, jedem einzelnen von uns den Knoten vor dem Klettern lieber selbst machte.

Alles in allem erlebten wir ein wunderbares Zeltlager in einer (fast noch unzerstörten) atemberaubenden Natur.

Den Vormittag verbrachten wir damit, mehr oder weniger erfolgreich an einem kleinen Felsen herumzukraxeln. Der große Schreck folgte am Nachmittag, als uns Steve und Stuie (der andere Kursleiter) grinsend zu einem viel höheren Felsen führten. Mit den Worten „I can't see no problem" überließen sie uns unserem Schicksal. Erstaunlicherweise überlebten wir es alle. Und noch zum Thema Gletscherwanderung: Die Hälfte des Weges bewältigten ausnahmsweise einmal alle ohne Schwächeanfall. Diese erste Hälfte des Weges war nötig für den bronzenen Hüttentest. An der Hütte angekommen, gab es für einige von uns kein Halten mehr. Allein der Gedanke, jetzt noch weiterzugehen, verursachte bei ihnen schon Blasen an den Füßen. Sie beschlossen zurückzugehen. Der hartgesottene Kern ließ sich nicht davon abhalten, bis zum Gletscher vorzudringen. Auf Dauer fanden wir den Weg zu öde und entschlossen uns, eine kleine Rodelpartie über eines der unzähligen Schneefelder zu machen. Das war kein sehr weiser Entschluss, denn eine von uns sackte in den tiefen Schnee ein, verletzte sich und musste mit dem Rettungshubschrauber ins Krankenhaus gebracht werden. Glücklicherweise war das die einzige schwere Verletzung. Alles in allem erlebten wir ein wunderbares Zeltlager in einer (fast noch unzerstörten) atemberaubenden Natur."

Die Wölflinge im Brexbachtal

Juli 1993. Aus der Lagerzeitung: „Am 24.Juli fuhren wir, zwanzig Kinder und fünf Leiter, mit einem Bus ins Brexbachtal bei Koblenz. Die Fahrt dauerte einige Stunden, aber wir machten keine Pause. Als wir angekommen waren, mussten wir eine halbe Stunde bis zu unserem Lagerplatz laufen. Dort sahen wir uns erst einmal um. Der Zeltplatz lag neben einem Bach und war umzäunt von Hecken. Nachdem wir zu Mittag gegessen hatten, bauten wir die Zelte auf, zwei Mädchen-, ein Jungen- und ein Leiterzelt. Als wir damit fertig waren, bauten wir eine Jurte, unter der wir immer aßen und Lagerfeuer anzündeten. Dann war Dammbau angesagt. Alle Jungen und viele Mädchen arbeiteten eifrig daran, aus Steinen, Matsch und Stöcken einen Damm zu bauen. Das Motto des Lagers war Indianer. David hatte Lust, ein Indianerwerkzeug zu basteln und wollte dazu eine Kerbe in einen Stock schnitzen. Dabei war er so ungeschickt, dass er sich in den Finger schnitt. Er musste sofort zum Notarzt. Der Finger wurde genäht. Der nächste Tag war ein Sonntag. Also gingen wir nach dem Frühstück ins Dorf und wollten in die Kirche. Wir kamen leider zu spät und setzten uns in die dritte Reihe. Nach der Kirche gingen wir zurück zum Lagerplatz und bauten aus Holz Küchenregale, ein Eingangstor mit einem Banner und einen Marterpfahl. Als wir aßen, zog ein Schauer auf. Im Brexbachtal regnet es leider oft. Danach gingen einige von uns Holz holen, andere bauten eine Brücke. Carolin fiel in den Bach. Abends Lagerfeuer. Es rauchte sehr, denn das Holz war nass. Wir sangen viele Lieder aus unserem Liederbuch, dem ‚Leierkasten'. Zur Lagertaufe bekamen die Täuflinge auf den Rücken ‚Lager 1993' geschrieben. Danach durften die, die keine Täuflinge waren, die Täuflinge etwa fünf Minuten mit Schlamm beschmieren. Erst danach durften sie sich wehren. Am dritten Tag war Selbstverpflegungstag. Jedes Kind bekam 7,– DM. Die Wölflinge mussten in Gruppen losgehen und selbst ihr Mittag- und Abendessen einkaufen. Am vierten Tag sind wir alle ins Schwimmbad gegangen. Am fünften Tag sind wir mit dem Boot gefahren. Zum Glück hatten wir schönes Wetter. Als wir wieder Land unter den Füßen hatten, sind wir zur Marksburg gegangen. Die Marksburg ist sehr alt. Einmal haben wir ein

Indianerspiel gemacht. Eine Gruppe war Apachen, die andere Gruppe hat die Sioux-Indianer gespielt. Als jeder sein Lager hatte, fing es wieder an zu regnen. Am Freitag haben wir eine Indianerprüfung gemacht."

Bettina und Werner-Daniel Sommer

Unterwegs in die Steinzeit

25 Jahre lang waren die Pfadfinder in Weiterstadt schon unterwegs. In diesem Jahr waren wir in der Steinzeit. Fünfzig Pfadfinder machten sich auf nach Westernohe. Für die, die das Bundeszentrum der Deutschen Pfadfinderschaft Sankt Georg noch nicht kannten, war es interessant, wie viele unterschiedliche Pfadfinder auf den nicht gerade großzügig abgesteckten Plätzen zu finden waren. Nachdem unser Lager endlich stand, konnten wir uns unserem Thema widmen. Lagerbauten standen nun an. Ein Ofen aus Lehm wurde gebaut, ein sehr stabiles Küchenregal und ein zwei Meter hohes Mammut aus Holz, Kaninchendraht und Pappmaschee. Unser Mammut stand am Eingang unseres Lagers und wurde mit Gras behaart. Ebenso entstand im Lauf unseres Lagers eine Höhle aus Stoff, die mit selbstgemachten Höhlenfingerfarben gestaltet wurde. Wir genossen durchweg das schöne Wetter und freuten uns wie jedes Jahr auf die traditionelle Schlammtaufe. Da zwei Leiter noch nicht getauft waren, war die Freude natürlich umso größer. Die Schlammschlacht begann, und in Kürze war an Thomas kein Fleckchen mehr weiß. Zu bunt wurde es uns auch nicht, als die Fingerfarben ins Spiel kamen und zu den wunderschönen braunen Kindern noch bunte Sprenkel dazu kamen. Ein echtes steinzeitliches Gruppenbild entstand. Die Duschen hatten danach etwas zu leiden, aber wir hatten die Gewissheit, dass unsere Kinder endlich mal sauber wurden. Jeden Abend genossen wir am Lagerfeuer eine steinzeitliche Geschichte von unserer Märchentante Sabine und selbstverständlich sangen wir unzählige Pfadfinderlieder. Spannend wurde es auch, als es daran ging, Nachtwache zu halten. Die Wölflinge, unsere Kleinsten, waren wie immer im Hellen so mutig und mussten, je dunkler es wurde, immer tiefer in sich suchen, um den verbleibenden Mut in sich aufzuspüren. Vielleicht war das der Grund, dass sie in sich gekehrt, mit gesenktem Kopf, wie kleine Roboter um unser Lager marschierten. Nichtsdestotrotz waren einige auch sehr gute Beschützer, die fast jedem Anschleicher auflauerten. Leider war die Nachtwache immer ohne Arbeit. Jeder unserer Besucher (und wir hatten viele) hielt sich an das westernohische Dogma des Überfallverbots. Außer unserem Nachbarlager wollte niemand unser Banner.

Im Brexbachtal regnet es leider oft. Danach gingen einige von uns Holz holen, andere bauten eine Brücke. Carolin fiel in den Bach. Abends Lagerfeuer. Es rauchte sehr, denn das Holz war nass.

Ein zweiter Ritus in einem Zeltlager: Mindestens einmal im Lager unsere Essensglocke auch mal zum Alarm klingeln. Steinzeitliche Workshops wurden angeboten. Eine traditionell steinzeitliche Bekleidung wurde hergestellt, Embleme aus Salzteig wurden in einem Ofen gebrannt, Ytongsteine wurden bearbeitet, Ledersäckchen hergestellt und einige von uns kamen sogar dazu, T-Shirts zu bemalen. Es fehlte die Zeit, sich mehreren Interessen widmen zu können. Zwischendurch kam ein Staff vorbei, der uns das Freundschaftsbändchen-Machen lehrte. Für die Versprechens-Vorbereitung nahmen sich vor allem die Pfadfinder intensiv Zeit. Die Feier fand im Dunkeln im Gottesdienst-Atrium statt. Das ist eine Art kleines Kolosseum, das feierlich mit Fackeln ausgeleuchtet wurde. Die Aufregung legte sich bei vielen erst, als wir das Atrium wieder verließen und uns auf den Rückweg machten. Die Versprechenskandidatinnen und -kandidaten waren erleichtert. Jetzt gehörten sie so richtig zur Deutschen Pfadfinderschaft Sankt Georg dazu und damit zu allen Pfadfindern auf der ganzen Welt. Was zumindest den Wölflingen in Erinnerung blieb, war der Selbstverpflegungstag – ein Tag, an dem jede Kleingruppe für sich Sorge zu tragen hat, was sie Essen und wie sie den Tag gestalten möchte. Für mich war es ein sehr schönes letztes Lager.

Birgit Becker

Auf den Spuren der Wikinger

August 2004. Zwei Wochen Stammeslager in Stevninghus in Dänemark. „Wir hatten leichte Startprobleme. Sieben Stunden saßen wir auf der Hinfahrt auf einem Rastplatz fest“, ist in der Pfadfinderchronik zu

◂ *Auch auf der Fahrt zum Stammes-Sommerlager in Stevninghus / Dänemark gab es auf der Hinfahrt Probleme: Der neue Bus ist kaputtgegangen und konnte nicht repariert werden. Warten auf den Ersatzbus,* 2004 Konrad Burlon

▸ ▾ *Auf den Spuren der Wikinger*
Archiv: Pfadfinderchronik

lesen. „Unser Bus wollte nach einem kleinen Stopp nicht mehr anspringen. Es dauerte lange, bis sich herausstellte, dass wir nur mit einem Ersatzbus weiterkommen konnten. Immerhin – das hat funktioniert!

Wir kamen erst bei Tagesende am Zeltplatz an. Gott sei Dank hatte unsere Vorhut schon alle fünf Alexzelte aufgebaut. Wir mussten nur noch die Kothen, das Küchen- und das Lagerzelt und die Leiterjurte aufstellen. Danach durften wir endlich hundemüde in unsere Schlafsäcke kriechen." Am nächsten Tag konnte das Wikingerleben beginnen. „Es gab die Möglichkeit, Schilde, ein Schwitzzelt, ein Schiff, Bögen oder Musikinstrumente zu bauen oder sich mit den Runen, also den alten Schriftzeichen vertraut zu machen. Am vorletzten Tag sollte alles auf dem Wikingermarkt vorgestellt werden. Leider hat es oft geregnet. Vieles von dem, was geplant war, fiel buchstäblich ins Wasser. Aufgrund des schlechten Wetters waren wir auch nicht im Freibad, sondern ließen es uns in einem Hallenbad richtig gut gehen. Nur eine kleine Gruppe der Älteren beschloss, jubelnd bei Regen im See schwimmen zu gehen, nach dem Motto ‚Was uns nicht umbringt, das macht uns härter'. Baden gegangen sind auch die Pfadis bei ihrer Versprechens-Vorbereitung, bei der sie ein fahrtüchtiges Floß aus vorgegebenen Materialien bauen sollten. Das hatte beim ersten Floß noch nicht so gut geklappt. Sie mussten noch an der Konstruktion feilen. Auch die Aufgabe der Jufis, die zusammengefaltete Plane, auf der sie alle standen, umzudrehen, war ein hartes Stück Arbeit. Entspannung fanden wir dann alle beim Ausflug zur alten Mühle und der freien Zeit in der Stadt. Ausklingen ließen wir das Lager mit einem von uns organisierten Campfire. Es kamen alle Stämme, die noch auf dem Lager waren. Leider mussten wir am nächsten Tag wieder abreisen. Dieses Mal gab es keine Probleme mit der Busfahrt."

Abenteuer Mittelerde

August 2013. In diesem Jahr haben wir Pfadfinder ein Stammeslager veranstaltet. Das bedeutet, dass alle Mitglieder unseres Stammes im Alter von sieben bis achtzehn Jahren und alle Leiter zusammen für zwei Wochen ins Zeltlager fahren. Wir waren fast 50 Personen, die am 3. August die Fahrt nach Frankreich antraten. Unser Zeltplatz lag auf einer ehemaligen Alm im Elsass, Schildmatt bei Soultzeren. „Abenteuer Mittelerde" – so lautete das Motto des Lagers. Jeder von uns hatte einen Charakter bekommen, den es zu gestalten galt. Mit dabei waren Elben, Zwerge, Zauberer und Hobbits. In Workshops haben wir gelernt, was wir über unseren Charakter wissen müssen. Die Elben haben Bogen gebaut und gelernt, damit zu schießen. Die Zwerge haben sich Helme und Äxte gebaut. Zaubersprüche und deren richtige Anwendung waren für die Zauberer unter uns wichtig, und die Hobbits haben Umhänge genäht und uns mit ihren Kochkünsten erfreut. Während unserer gemeinsa-

◂ ▴ *Abenteuer Mittelerde. Lager in Schildmatt / Elsass, 2013*
Steffen Vowinkel

▲ *Abenteuer Mittelerde. Lager in Schildmatt / Elsass, 2013* Steffen Vowinkel

men Zeit wurde die Gegend um den Zeltplatz erkundet. Dabei haben wir den „Lac vert" besucht. Der „Grüne See" liegt in der Nähe des Berges Tanet. Rings herum stehen Nadelwälder. Von dort hat man einen herrlichen Überblick über das Tal. Am Ende der zweiten Woche wurde die Gemeinschaft von Mittelerde auf die Probe gestellt. Wir mussten uns gemeinsam gegen den Drachen „Schlumpfi" verteidigen. Die Schlacht um Mittelerde konnten wir gewinnen und haben den Sieg am letzten Abend gebührend gefeiert. Danach sind die Bewohner von Mittelerde heimgekehrt und nun kann die Friedenskonferenz der Völker beginnen und die Zukunft sichern.

Carina Burlon Köhler

Scouttropolis – Gemeinsam sind wir Stadt

Sommer 2014. Vom 24. August bis 5. September fand im brandenburgischen Großzerlang an der mecklenburgischen Seenplatte das Diözesanlager für den Diözesanverband Mainz statt. Unter dem Motto „Scouttropolis – Gemeinsam sind wir Stadt" errichteten über 800 Pfadfinderinnen und Pfadfinder aus 27 Pfadfinderstämmen ihre eigene Stadt. In der Pfadfinderchronik ist darüber zu lesen: „Nach der Anfahrt per Sonderzug entstand innerhalb nur eines Tages eine ganze Stadt auf dem Bundeszeltplatz. In mehreren Stadtteilen stellten die neuen Bewohner ihre Schlafzelte auf. Im Ortskern entstanden Geschäfte und Einrichtungen. Insgesamt gab es über siebzig Angebote, in denen man einen Beruf erlernen oder die bereits verdienten Mainzelmünzen (städtische Wäh-

▸ *Scouttropolis* *Archiv: Pfadfinderchronik*

rung) ausgeben konnte. Im Bürgerzentrum gab es zum Beispiel neben einem Arbeitsamt und einer Bank auch ein Standesamt und ein Fundbüro. Auch nicht fehlen durften eine Post, eine Kita sowie eine Zeitungsredaktion, Taxiunternehmen, Kino, Casino und ein Hotel. Dazu kamen gastronomische und sportliche Angebote und jede Menge Kreativgewerbe von Taschenmanufaktur über Mützenhäkeln bis Schmuckherstellung. Der Mainzer Weihbischof Dr. Ulrich Neymeyr und Diözesanjugendseelsorger Mathias Berger nahmen die lange Fahrt auf sich, um gemeinsam mit allen Bewohnern am Sonntagnachmittag einen Gottesdienst zu feiern. Überwältigt von der Stimmung vor Ort blieben sie bis zum Lagerende und nahmen am Stadtleben teil. Weiter bereichert wurde die Stadt durch eine Gruppe israelischer Pfadfinder aus Nazareth. Mit rund 25 Teilnehmern brachten sie internationales Flair nach Scouttropolis. Sie boten einen arabischen Tanzkurs sowie typische Leckereien aus ihrem Heimatland an. Der letzte Lagertag wurde mit einem großen Stadtfest gefeiert. Nach einem Festzug durch die Stadtteile gab es alles, was das Herz begehrt: Dosen- und Hufeisenwerfen, Popcorn und Zuckerwatte, Kinderschminken, Handlesen und vieles mehr. Auch das Abendessen ließ keine Wünsche offen. Unter anderem gab es Hot Dogs, Bratwürstchen, Waffeln und Schokoäpfel. Das Motto ‚Gemeinsam sind wir Stadt' wurde von den über 800 Pfadfinderinnen und Pfadfindern gelebt und mit Leben gefüllt. Friedlich, hilfsbereit und miteinander, ganz wie es sich Baden-Powell, der Gründer der Pfadfinderbewegung, vorgestellt hat."

▲ *In Scouttropolis* Archiv: Pfadfinderchronik

▲ *In Scouttropolis* Steffen Vowinkel

„Scouttropolis – das war etwas ganz Besonderes", findet Klara Holzheuser. „Ich erinnere mich an den Tag, als wir von diesem Diözesanlager nach Hause kamen. Zwei Wochen waren wir zusammen, haben Dramen erlebt und wirklich unsere eigene Stadt zum Leben erweckt. Wir kamen nach Hause, räumten aus und duschten. Als ich dann auf einmal allein in meinem Zimmer saß, war es still. Da war keine große Schwester, die mich volltextete und vom nächsten Drama erzählte, keiner der fragte, ob wir noch ein Freundschaftsbändchen knüpfen wollen, kein Lagerfeuer, keine Jurte, kein Schlafsack. Es war einfach alles wieder normal. Ein merkwürdiges Gefühl. Ich habe alles vermisst, was ich zurückgelassen habe."

„Scouttropolis – das war etwas ganz Besonderes … Zwei Wochen waren wir zusammen, haben Dramen erlebt und wirklich unsere eigene Stadt zum Leben erweckt."

▼► *Eltern-Kind-Lager in Groß-Gerau, 2012*
Claudia Wehrle

▲ *Eltern-Kind-Lager, Hauenstein, 2009* Claudia Wehrle

Eltern-Kind-Lager

„Erst war ich skeptisch", gibt Margot Göcke unumwunden zu. „Ein Zeltlager? Mit acht Leuten zusammen in einer Jurte übernachten?" Doch sie war neugierig, wollte etwas von der Welt kennenlernen, die ihrem Sohn so viel bedeutete. Iris Heukelbach hatte zunächst auch gemischte Gefühle, als ihr damals 7jähriger Sohn Finn die Einladung zum ersten Eltern-Kind-Lager aus der Wölflingsstunde mit nach Hause brachte. „Natürlich war ich Feuer und Flamme und es war klar, dass wir als Familie mitfahren, also auch mein Mann und unsere damals 5jährige Tochter. Aber in einem Zelt übernachten? Für ein paar Nächte würde es schon gehen, dachte ich mir. Gemeinsam draußen etwas Tolles erleben, abends gemütlich in großer Runde am Lagerfeuer sitzen, jemand spielt Gitarre, dazu Gesang und Spiele und endlich einmal die Leiter (besser) kennenlernen, denen ich immerhin jede Woche für zwei Stunden mein Kind anvertraute bzw. auch schon auf ein Wölflingswochenende mitgeschickt hatte. Das alles waren reizvolle Aussichten. Wir schafften also ordentliche Schlafsäcke, aufblasbare Isomatten und Campinggeschirr an. Als Dach überm Kopf gab es ausreichend Material aus dem Fundus des Stammes, ebenso wie die gesamte Küchenausstattung und eine Menge Knowhow durch die lagererprobten Leiter und ältere Kinder aus den höheren Pfadfindergruppen." Für Prisca Stadler bedeuteten die Eltern-Kind-Lager so etwas wie das Eintauchen in die eigene Kindheit. „Ich kannte Zeltlager von früher", sagt sie. „Das hat mich an meine eigene Zeit bei den Pfadfindern erinnert. Die ganze Zeit draußen zu sein, ist toll." Im Lauf der Jahre gab es mehrere Eltern-Kind-Lager. Im Bundeszentrum in Westernohe wurden die Zelte aufgeschlagen, ebenso in Hauenstein in der Südwestpfalz oder im hessischen Groß-Gerau. Iris kann sich noch gut an ein Lager im Brexbachtal erinnern. „An einem Wochenende im August war es so weit. Bis die vielen ungeübten Eltern unter der fachkundigen Anleitung der Erfahrenen endlich alle Zelte aufgebaut hatten, dauerte es eine Weile. Da lobe ich mir doch unser kleines Pop-up-Zelt, das wir manchmal im Sommer zum Spaß im Garten hinwerfen … Irgendwann gab es ein warmes Abendessen und bei einbrechender Dunkelheit nahmen wir auf Bänken bzw. die alten Hasen auf ihren selbstgebauten Schwedenstühlen Platz und meine Vorstellung vom romantischen Lagerleben war Wirklichkeit geworden. Der Gesang zur Gitarre war zwar bisweilen etwas schief, aber dennoch herrlich, der Plausch mit den anderen Eltern war interessant und erhellend, das Zirpen der Grillen heimelig. Noch entspannender wäre es offen gestanden mit einem gepflegten Bierchen oder einem Glas Wein gewesen, aber da waren und sind die Leiter äußerst streng. So lange noch Kinder anwesend

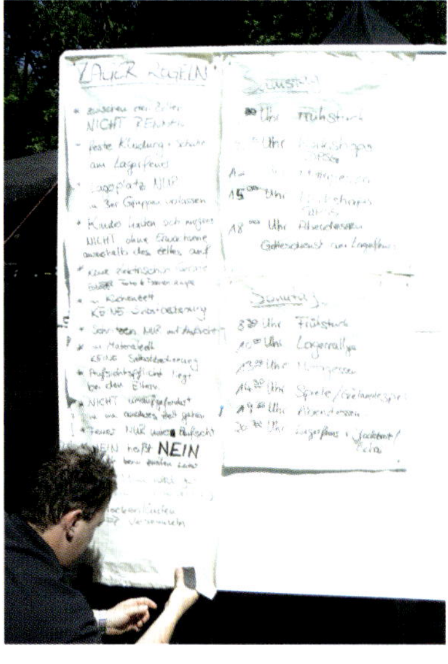

▲ *Eltern-Kind-Lager in Groß-Gerau, 2012*
Claudia Wehrle

◄ *Eltern-Kind-Lager, Hauenstein, 2009*
Claudia Wehrle

sind (Schlafenszeit 22 Uhr/23 Uhr), gibt es keinen Alkohol. Vorbildlich!" Auch Margot hat das Wochenende genossen. Sie war im Eltern-Kind-Lager in Hauenstein mit dabei. „Am Lagerfeuer zu sitzen war toll", erinnert sie sich. „Das gemeinsame Singen hat mir viel Spaß gemacht, auch das gemeinsame Kochen. Und dass die Kinder wie selbstverständlich abräumen und spülen! Zu Hause tun sie das nicht!" Für Lothar Thon hatten die Wochenenden draußen im Freien viel Abenteueratmosphäre. „Die Leute waren nett, es ging um Gemeinsamkeit", sagt er. „Nur den Überfall nachts hätte ich nicht gebraucht. Ich wurde wach, als das Zelt über mir zusammenbrach. Das war lästig." Was bleibt? „Nach ein paar Nächten auf der Luftmatratze tun die Knochen schon weh", muss Prisca gestehen. Anderen Eltern ging es ähnlich. „„Aber ein Eltern-Kind-Lager ist alles in allem eine tolle Erfahrung, die ich nicht missen möchte", findet Iris. „Es ist eine Erfahrung, die ich freiwillig sogar zwei weitere Male mitgemacht habe und an die ich dank dieser Festschrift – mehr als ein Jahrzehnt später – gerne zurückdenke." Margot, Prisca und Lothar wollen die Erfahrungen ebenfalls nicht missen.

Aufbruch ins Ungewisse

Eine „Drei-Tages-Tour" mit Überlebenstraining

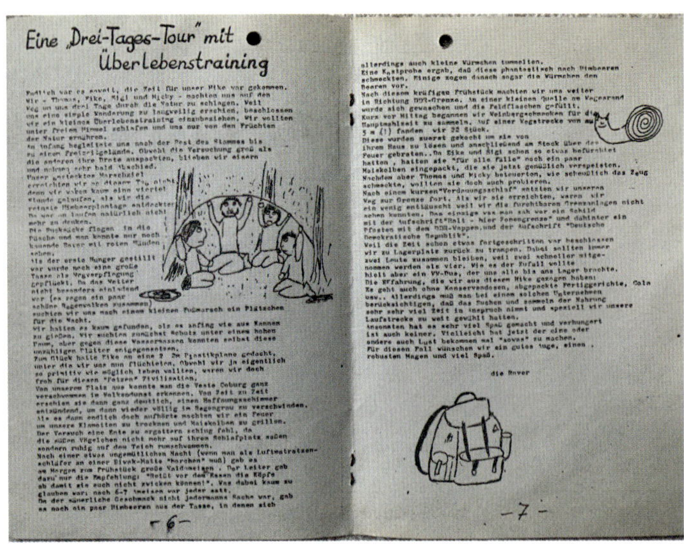
Eine „Drei-Tages-Tour" mit Überlebenstraining

-6-

-7-

▲ *Auszug aus der Zeitung vom Sommerlager in Coburg, 1982*

Archiv: Pfadfinderchronik

Juni 1982. Aus der Lagerzeitung vom Sommerlager in Coburg: „Endlich war es so weit, die Zeit für unseren Hike war gekommen. Wir – Thomas, Eike, Sigi und Micky – machten uns auf den Weg, um uns drei Tage durch die Natur zu schlagen. Weil uns eine simple Wanderung zu langweilig erschien, beschlossen wir, ein kleines Überlebenstraining einzubeziehen. Wir wollten unter freiem Himmel schlafen und uns nur von den Früchten der Natur ernähren. Am Anfang begleitete uns noch der Rest des Stammes bis zu einem Freizeitgelände. Obwohl die Versuchung groß war, als die anderen ihre Brote auspackten, blieben wir eisern und nahmen sehr bald Abschied. Unser gestecktes Marschziel erreichten wir an dem

Tag nicht. Wir waren kaum eine Viertelstunde gelaufen, als wir eine Himbeerplantage entdeckten. Da war an Laufen natürlich nicht mehr zu denken. Die Rucksäcke flogen in die Büsche und man konnte nur noch kauende Rover mit roten Händen sehen. Als der erste Hunger gestillt war, wurde noch eine große Tasse als Verpflegung gepflückt. Da das Wetter nicht besonders einladend war (es zogen ein paar Regenwolken zusammen), suchten wir uns nach einem kleinen Fußmarsch ein Plätzchen für die Nacht. Wir hatten es kaum gefunden, als es anfing, wie aus Kannen zu gießen. Wir suchten zunächst Schutz unter einem hohen Baum, aber diesen Wassermassen konnten selbst die unzähligen Blätter nichts entgegensetzen. Zum Glück hatte Eike an eine zwei Meter lange Plastikplane gedacht, unter die wir uns nun flüchteten. Obwohl wir ja eigentlich so primitiv wie möglich leben wollten, waren wir doch froh über diesen ‚Fetzen' Zivilisation. Als es endlich aufhörte zu regnen, machten wir ein Feuer, um unsere Klamotten zu trocknen und Maiskolben zu grillen. Die Nacht war ungemütlich, wenn man als Luftmatratzenschläfer an einer Biwak-Matte horchen muss. Am Morgen gab es zum Frühstück große Waldameisen. Der Leiter gab dazu nur die Empfehlung: „Reißt vor dem Essen die Köpfe ab, damit sie Euch nicht zwicken können." Was kaum zu glauben war – nach sechs bis sieben Ameisen war jeder satt! Da der säuerliche Geschmack nicht jedermanns Sache war, gab es noch ein paar Himbeeren aus der Tasse, in der sich allerdings auch kleine Würmchen tummelten. Nach diesem kräftigen Frühstück machten wir uns weiter auf Richtung DDR-Grenze. An einer kleinen Quelle am Wegrand konnten wir uns waschen und die Feldflaschen füllen. Kurz vor Mittag begannen wir Weinbergschnecken für die Hauptmahlzeit zu sammeln. Auf einer Wegstrecke von fünf Metern fanden wir 22 Schnecken! Diese wurden zuerst gekocht, um sie von ihrem Haus zu lösen und anschließend am Stock über dem Feuer gebraten. Da Eike und Sigi schon so etwas befürchtet hatte, hatten sie für alle Fälle noch ein paar Maiskolben eingepackt, die sie jetzt gemütlich verspeisten. Nachdem aber Thomas und Micky beteuerten, wie scheußlich das Zeug schmeckte, wollten sie doch auch probieren. Nach einem kurzen Verdauungsschlaf setzten wir unseren Weg zur Grenze fort. Als wir sie erreichten, waren wir ein wenig enttäuscht, weil wir die furchtbaren Grenzanlagen nicht sehen konnten. Das Einzige, was man sah, war ein Schild mit der Aufschrift ‚Halt – Hier Zonengrenze' und dahinter ein Pfosten mit dem DDR-Wappen und der Aufschrift ‚Deutsche Demokratische Republik'. Weil die Zeit schon etwas fortgeschritten war, beschlossen wir, zum Lagerplatz zurück zu trampen. Dabei sollten immer zwei Leute zusammenbleiben, weil zwei schneller mitgenommen werden als vier. Wie es der Zufall wollte, hielt aber ein VW-Bus, der uns alle bis ans Lager brachte. Die Erfahrung, die

Weil uns eine simple Wanderung zu langweilig erschien, beschlossen wir, ein kleines Überlebenstraining einzubeziehen. Wir wollten unter freiem Himmel schlafen und uns nur von den Früchten der Natur ernähren.

wir aus diesem Hike gezogen haben: Es geht auch ohne Konservendosen, abgepackte Fertiggerichte und Cola. Allerdings muss man bei einem solchen Unternehmen berücksichtigen, dass das Suchen und Sammeln von Nahrung sehr, sehr viel Zeit in Anspruch nimmt und wir speziell unsere Laufstrecke zu weit gewählt hatten. Ansonsten hat es sehr viel Spaß gemacht. Verhungert ist keiner. Vielleicht hat jetzt der ein oder andere auch Lust bekommen, so etwas zu machen."

Paddeln auf der Altmühl

▲ *Paddeln auf der Altmühl* *Archiv: Pfadfinderchronik*

Sommer 1990. Alles fing, wie bei jedem Lager, mit Schleppen und Einpacken an. Dieses Mal sollte es an die Altmühl gehen. Unsere Roverhypercrew bestand aus Hasi, Markus, Stefan, Christine, Anita, Armin und meiner Wenigkeit. Die zweieinhalbstündige Fahrt an den Altmühlsee verlief ohne Probleme. Alle freuten sich schon, ein etwas anderes Lager, ein Paddellager zu machen. Am Altmühlsee ging es auch gleich los mit dem Aufbauen unseres Hausbootes. Das Banner, eine Öllampe und eine überaus praktische Wäscheleine durften nicht fehlen. Natürlich fielen wir mit unserer Konstruktion überall auf! Mit so einem verrückten Boot schippert schließlich nicht jeder auf der Altmühl herum. Schon bald – das erste Mal Boottragen, sogar über ein kleines Brückchen zu unserem Campingplatz. Das Gepäcktragen allein war schon anstrengend genug. Hinzu kam, dass wir in dieser Nacht nicht gleich schlafen durften, weil wir von einer benachbarten „Sony-Pepsi-Beachparty" beglückt wurden. Unsere Lust auf Campingplätze und Beachpartys war gestillt! Am Morgen entdeckten wir, dass (nicht nur) durch meine Schusseligkeit eine ganze Kiste Lebensmittel bei mir zu Hause im Kühlschrank vergessen wurde. Ich bekam eine ganze Staude von goldenen Bananenschalen überreicht. Für jede Dummheit oder Schusseligkeit bekam man eine Schale. Dann ging es weiter über den See. Ein zweites Mal Boottragen, Aus- und wieder besser Einräumen. Nach mehr als zwanzig Wehren wurden wir Meister darin! Bald mussten wir erfahren, dass wir uns den „lahmsten Fluss Bayerns“ zum Paddeln ausgesucht hatten. Na danke! Zwar war noch keiner des Paddelns müde, aber einen gleichmäßigen Takt hinzubekommen, war schwierig. Jeder paddelte, wie er oder sie Lust hatte oder legte sich gleich aufs Boot und sonnte sich. Unsere weiteren Nachtlager erreichten wir oft erst in der Dämmerung. Es kam auch schon mal vor, dass wir im Stockfinstern mit leuchtender Öllampe über den Fluss zur nächsten Kneipe fuhren. Einmal hatten wir eine Bootsrutsche zu bewältigen, in die unser Boot gerade so reinpasste. Das mussten wir natürlich ausnutzen und sind gleich drei Mal (ohne Gepäck) runtergerauscht. Den größten Spaß hatten wir bei einem offenen Wehr, das zwei Meter senkrecht nach unten ging. Wir standen grübelnd daneben und fragten uns, ob wir das nicht auch mit unserem flexiblen Superboot schaffen könnten. Die einen waren skeptisch, die anderen waren felsenfest davon überzeugt, dass das möglich wäre. Also alles Gepäck raus. Wir zogen die Schwimmwesten an, und immer sechs Leute paddelten los. Das war ein Spaß! Die ersten sahen den Abgrund vor sich und die hinteren flogen beinahe nach unten, weil sich das Gummiboot hinten einknickte und sie in die Höhe warf. Hasi hat sich hinten nicht genug festgehalten und legte einen genialen „Wasserplumps“ hin, den ihm keiner auf der gesamten Tour nachmachte. Wir wären noch öfter gesprungen, wenn die Zeit nicht gedrängt hätte.

Den größten Spaß hatten wir bei einem offenen Wehr, das zwei Meter senkrecht nach unten ging. Wir standen grübelnd daneben und fragten uns, ob wir das nicht auch mit unserem flexiblen Superboot schaffen könnten. Die einen waren skeptisch, die anderen waren felsenfest davon überzeugt, dass das möglich wäre.

Wir lernten auf unserem Weg natürlich viele andere Altmühl-Fahrer kennen, von denen wir einige sogar stolz überholten! Des Weiteren fällt mir zu unserer ganzen Tour noch ein,

- dass alle Bauern, die eine Wiese an der Altmühl haben und diese für gestrandete Paddler zur Verfügung stellen, gelobt werden müssten
- dass es unbedingt empfehlenswert ist, im Dunkeln auf einem Fluss in eine unbekannte Stadt einzufahren
- dass es möglich ist, auf einem vollgestopften Zehn-Mann-Schlauchboot während der Fahrt ein sagenhaft leckeres Gyros mit allem Drum und Dran zuzubereiten. Ein Lob an die mutigen Köche!
- dass es empfehlenswert ist, auf einem Fluss ein neues, unbekanntes Gebiet kennenzulernen. Man sieht nicht nur eine andere Vegetation und andere Tiere, sondern auch die starke Verschmutzung. Das gibt einem zu denken!
- dass es im Großen und Ganzen einfach nur toll war!

Es war halt so ein einzig wahres Roverlager!

Birgit Becker

Die Nachtwanderung der Wölflinge – oder: Der Griesheimer Wald ist ganz schön groß

Christoph bemerkte aber doch etwas Verdächtiges und stocherte mit einem Stock darauf herum. Es war verdächtig weich, er fasste mit der Hand hin und hatte Hasi gefangen. Oh waren die Kinder stolz!

Oktober 1990. Direkt nach den Herbstferien. Es wurde schon früh dunkel. Um 19:30 Uhr trafen sich die Wölflinge am Jugendheim, warm eingepackt, um zu ihrer Nachtwanderung aufzubrechen. Da die anderen Gruppen davon Wind bekommen hatten, stand uns einiges bevor – das wussten zumindest die Leiter. Bis zum Waldrand schnatterten die Kinder lautstark. Im Wald verhielten sie sich mustergültig, sehr still und ohne zu „funzeln". Wir waren erst ein paar hundert Meter im Wald drin, da hörten wir hinter uns einen markerschütternden Schrei – und eine Gestalt rannte über den Weg. Die Kinder hatten die Situation sofort im Griff. Von Angst keine Spur. Sofort teilten wir uns in Gruppen auf und durchkämmte den Wald. Eine kleine Gruppe war bei mir und wir hatten das sichere Gefühl, dass etwas weiter vorne im Busch etwas geraschelt hatte. Wir gingen neben dem Busch in den Wald hinein, aber dann hörten wir nichts mehr. Christoph bemerkte aber doch etwas Verdächtiges und stocherte mit einem Stock darauf herum. Es war verdächtig weich, er fasste mit der Hand hin und hatte Hasi gefangen. Oh waren die Kinder stolz! Der Stolz beflügelte ihren Mut und sogar die kleine Petra sagte, als wir vor einem besonders düsteren Tannenstück standen: „Ich gehe jetzt da hinein und fange einen." Wir konnten aber niemanden mehr finden und als Hasi plötzlich auch wieder verschwunden war, gingen wir unseren Weg weiter und gingen und gingen – und plötzlich sahen wir die Lichter von Griesheim. Wir hatten uns total verlaufen und eigentlich keine Orientierung mehr. Also mussten wir umkehren und später nochmals abbiegen, bis wir uns wieder zurechtfanden und den Weg wieder hatten. Erschöpft nach zwei Stunden strammem Marsches durch Dunkelheit und Kälte kamen die Kinder doch mit strahlenden Augen am Jugendheim an und hatten den Eltern eine Menge zu erzählen.

Sabine Schneeberger

40 Wagen westwärts

Sommer 1999. „40 Wagen westwärts" war eine bundesweite Roveraktion vom 27. Juli bis 11. August 1999. Alle Rovergruppen wurden aufgerufen, sich einen eigenen Wagen und ein dazu passendes Zuggerät zu besorgen. Der Phantasie waren dabei keine Grenzen gesetzt. Das konnten Bauwagen, Planwagen oder Heuwagen sein. Einzige Bedingung: Sie mussten selbst gestaltet werden. Meist wurden Traktoren davor gespannt, manchmal waren es auch Unimogs. Aus Weiterstadt waren Sabine Gebhardt, Konrad Burlon, Stephan Schank und Christin Störmer

◂ *Teilnehmer der Roveraktion „40 Wagen westwärts", Sommer 1999* *Archiv: Pfadfinder-chronik*

dabei, nachgereist kamen noch Thomas Kloss und Sebastian Petters. Die Gruppe hatte sich einen Bauwagen zurechtgebaut, „allerdings war dann vor der Fahrt kein Zugwagen aufzutreiben", erinnert sich Sabine Gebhardt. Also fuhr man mit dem VW-Bus los, mit Fahrrädern im Gepäck. Es ging quer durch die Pfalz. Der Weg führte von Offenbach an der Queich über Neustadt an der Weinstraße und Bad Dürkheim nach Altleinigen und von dort nach Rockenhausen. Weitere Stationen waren unter anderem Kaiserslautern und Weilerbach. Jede Gruppe sollte sich vor der Reise ein Angebot überlegen, das sie zur Mitfahrt berechtigte. Die Weiterstädter gaben sich als fahrende Medici aus, also als Wundärzte, die auch Schattentheater anboten. Berüchtigt war der Zaubertrank, der von ihnen feilgeboten wurde. Eine andere Gruppe hatte ein Standesamt aufgemacht. Mit diesem Stamm sind die Weiterstädter in engeren Kontakt getreten: Zum einen haben Christin Störmer und Sabine Gebhardt einen Gonsenheimer Rover „adoptiert", mit Brief und Siegel, weil der Junge seine Zeit viel mit den Weiterstädtern verbrachte, zum anderen haben zwei der Rover sogar dort „geheiratet". Die Tour endete in Rodalben.

Am Ende des Weges müsste eine Schutzhütte stehen …

Sommer 2021. Aus der Chronik: „Auf jedem Sommerlager gibt es ein paar Tage, die für die Stufenzeit vorgesehen sind. In dieser Zeit macht jede Stufe ihr eigenes Programm – dieses Jahr haben wir als Roverstufe einen Hike geplant. Nachdem alles verstaut war und wir unsere großen Hikingrucksäcke geschultert hatten, ging es freitagmorgens los. Ganz wichtig: Einkaufen, damit wir genug Verpflegung für die nächsten Tage hatten. Danach erst einmal ausgiebig essen, damit wir uns gestärkt auf den Weg machen konnten. Wir beschlossen, die Strecke zu würfeln, wo auch immer uns der Würfel hinführen würde. Wir fanden uns schließlich auf einer wunderschönen Rheinpromenade wieder. Am Ende des Weges, nach etwa acht Kilometern, sollte eine Schutzhütte stehen.

Schon bald wunderten wir uns, warum die Route anders als auf der Karte verläuft. Wir kontrollierten alles noch einmal genau und mussten feststellen, dass es nicht acht, sondern noch zwölf Kilometer bis zum Ziel waren. Es war heiß. Die Sonne knallte vom Himmel. Scheinbar sahen wir zu diesem Zeitpunkt schon sehr erschöpft aus. Von der anderen Straßenseite sprach uns ein Mann an. Ob er uns helfen könne, wollte er wissen. Nachdem wir ihm alles erklärt hatten, bat er uns auf sein Grundstück, stellte seine Gartensitzmöbel bereit und brachte uns ein riesiges Stück Streusel- und Pflaumenkuchen und etwas zu trinken. Gestärkt brachen wir danach wieder auf. Eine Stunde später mussten wir feststellen, dass wir uns wieder verlaufen haben. Da musste ein neuer Plan her! Wir wollten noch vierzig Minuten mit Hilfe von Navigation zur Schutzhütte laufen. Unterwegs kamen wir am Haus des VCP-Stammes Franz von Sickingen vorbei. Er gehört zum Verband Christlicher Pfadfinderinnen und Pfadfinder. Eine Frau kam aus dem Haus. Wir bekamen das gesamte Haus zur Verfügung gestellt. Den Rest des Abends verbrachten wir damit, zu duschen und MacNCheese zu kochen. Wie es sich als gute Roverstufe gehört, aßen wir die Reste zum Frühstück. Nachhaltig handeln muss sein. Wieder zurück im Zeltlager lernten wir einen Pfadfinderstamm aus Dresden kennen und verbrachten mit ihnen zusammen mehrere Lagerfeuerrunden und spielten gemeinsam ein Geländespiel. Auch der Rest des Lagers war wunderschön, da die Lage des Platzes optimal war und wir auch anderweitig gute Kontakte knüpften."

Abenteuer Nordmazedonien

Archiv Klara Holzheuser

April 2022. Vier Wochen vor Abflug. Nachricht vom Rover Bundes-Ak: „Hey Klara, hättet du nicht Lust, spontan, mal vier Tage internationales Pfadfinden zu erleben? Du würdest vier Tage in Nordmazeonien bleiben und die DPSG dort vertreten. Schau es dir doch einfach mal an unter www.agora.rovernet.eu. Wir wissen, dass das sehr spontan ist, aber vielleicht bist du da ja noch frei!"

Zwei Wochen vor Abflug. E-Mail im Postfach. „Hey Klara, du wirst die DPSG beim Rover Agora 2022 vertreten! Wir rufen dich in den nächsten Tagen an, um die Reisedetails zu klären." Was in meinem Kopf vorging? Aufregung, Nervosität, Verwirrung und was einem sonst noch so einfällt, wenn man bald mit 60 fremden Menschen in ein komplett fremdes Land aufbricht und eigentlich keinen Plan hat, was dort passieren wird. Natürlich ist wie immer alles bei der DPSG sehr spontan, deswegen hat mich das auch überhaupt nicht gewundert. Flüge wurden gebucht, sich über Coronasituationen informiert, und ich habe wirklich stundenlang über dem Programm für das Agora gehangen und mir vorgestellt, wie das dort sein wird und was dort passiert.

Flughafen Frankfurt, 20.April. Mit gemischten Gefühlen saß ich viel zu früh am Flughafen. Die meisten schauten mich komisch an, weil ich in Kluft und Halstuch unterwegs war. Ein Securitymann fragte mich, ob ich Pfadfinderin wäre und hat sich super gefreut. Ob es das auch in Deutschland gäbe, hat er mich gefragt. Und da erkannte ich, dass ich jetzt auf internationaler Ebene unterwegs bin. Die Aufregung und auch ein bisschen Angst verschwanden, als ich dann in Wien am Flughafen auf einmal mit 15 anderen Pfadfinderinnen und Pfadfindern stand. Sie kamen aus Frankreich, Luxemburg, Estland, Österreich, der Ukraine und noch aus einigen anderen Ländern. Die ersten Gespräche kamen, während wir auf unseren Flug warteten, und da merkte ich, dass die anderen genauso wenig Ahnung hatten, was uns erwartet. Wir ließen uns darauf ein.

Ohrid, 20. April. Angekommen, nach vier Stunden Busfahrt und einigen Verirrungen in der Innenstadt von Skopje. Es gab noch etwas zu essen. Die Italiener beschwerten sich über die Qualität der Spaghetti, aber die Spaghetti waren meine Rettung. Nach dem Essen gesellten wir uns zu den anderen, die schon mittags angekommen waren, ans Lagerfeuer. Allerdings übermannte die meisten die Müdigkeit relativ schnell, und wir schleppten uns müde, aber sehr gespannt in unsere kleinen Bungalows. Meine zwei Mitbewohnerinnen, Lydia aus der Slowakei und Jette vom BdP, und ich suchten noch zusätzliche Decken. Trotzdem sind wir nachts halb erfroren.

21. April. Nach dem Frühstück wurden wir vom Planungsteam erstmals offiziell begrüßt. Es gab eine kleine Zeremonie zum besseren Kennenlernen. Wir bekamen sogar unsere eigenen Agora Halstücher!!! Im Prinzip wurden wir zu Schmetterlingsraupen auf unserem Weg, ein Agoraschmetterling zu werden. Wir stellten uns gegenseitig unsere Or-

◂ *Abenteuer Nordmazedonien 1999*
Archiv Klara Holzheuser

ganisationen und Vereine vor, sprachen über die „Sustainable Development Goals" und haben viel über Fake News, Hate Speach und was man dagegen tun kann gesprochen. In den Kaffee- und Essenspausen hatte man viele Möglichkeiten, sich mit den anderen zu unterhalten und sich besser kennenzulernen. Wie Pfadfinder so sind, konnte man sich auch über alles unterhalten: Von Politik, bis zu Beziehungsgeschichten und den peinlichsten Dingen, die einem jemals passiert sind, war wirklich alles dabei. Das Abendprogramm nannte sich „International Night". Hierzu brachte jede Delegation aus ihrem Land spezielle Dinge mit. Wir aus Deutschland: Bier, Haribo und Salzbrezeln. Es war interessant, die verschiedenen Kulturen kennenzulernen und vor allem viele verschiedene Spezialitäten zu probieren. Meine Favoriten waren italienischer Wein, ungarische Snacks und luxemburgischer Baumkuchen. Wir lernten traditionelle ukrainische Tänze, machten Limbo und tanzten bis tief in die Nacht!

▲ *Abenteuer Nordmazedonien 1999*

Archiv Klara Holzheuser

22. April. Der zweite Tag stand an. Es war leider schon der vorletzte. Mit diesem Gedanken im Hinterkopf kostete ich wirklich alle Momente voll aus. Vormittags begannen wir in Kleingruppen, verschiedene Ideen zu einer internationalen Aktion zu entwickeln und versuchen diese auszuarbeiten. Man merkte da so richtig, wie sich Pfadfinden in verschiedenen Ländern unterscheidet, aber es fanden sich meistens Kompromisse. Sehr kontrovers diskutiert waren Essenszeiten zwischen Italienern, die erst um 10 Uhr frühstücken wollten und den ungarischen Pfadfindern, die für 6 Uhr morgens das Aufstehen anpeilten. Es war witzig und wirklich produktiv. Nachmittags kam dann das Programm an die Reihe, auf das wir alle gewartet hatten: Die kleine Stadt Ohrid zu entdecken. Wie echte Pfadinder wanderten wir vom Pfadfinderzentrum dort hin. Wir liefen durch sehr arme Vorstädte und sahen überall Müllhaufen neben den Straßen. Umso überraschender war das touristische Zentrum der Stadt. Ich habe noch nie so viele Moscheen und Kirchen auf so engem Raum gesehen. Wir schauten in einige Kirchen rein, machten viele Fotos und hatten einfach einen spannenden, aber auch sehr herausfordernden Tag. Auch an diesem Abend erwartete uns spezielles Programm. Es gab einen traditionellen Abend, mit allem, was das kleine Land Nordmazedonien so ausmacht: leckeres Essen, viel zu süße Limonade, eine traditionelle Tanzgruppe und ganz wichtig, mazedonischer Rakija! An Schlaf war in der Nacht nicht zu denken. Irgendwann erinnerte uns das Programmteam daran, dass am nächsten Morgen das Frühstück nicht auf uns warten würde.

23. April. Der letzte Programmtag. Heute musste nochmal alles gegeben werden. Vormittags leisteten wir „community service", was bedeutete, rund um den See und das Pfadfinderzentrum aufzuräumen. Mit

aufräumen war aber nicht gemeint, Stühle umzustellen und Planen zusammenzulegen, sondern es hieß, Müll zu sammeln, der dort wahrscheinlich schon fünf Jahre lag. Von kaputten Plastikstühlen, Hundehütte, Gasflaschen bis zu illegal entsorgen Malerplanen mit Baumaterialien drauf war alles dabei. Es war unglaublich anstrengend, aber es war der Hammer, das Resultat zu sehen und das Gefühl zu haben, wirklich etwas bewegt zu haben. Als Belohnung für unsere motivierte Arbeit konnten wir dann mittags mit Kanu und Kajak auf dem See fahren. Ich bin sogar im acht Grad kalten See schwimmen gegangen. Wäre ich nicht in Mazedonien gewesen, hätte ich das im Leben nie gemacht. Abends stand dann die Abschlusszeremonie an. Es war sehr emotional, mit allen Teilnehmern am Lagerfeuer zu stehen und die schönsten Erfahrungen miteinander zu teilen.

24. April. Die Abreise. Es flossen viele Tränen. Aufnäher wurden verschenkt, Halstücher getauscht und kleine Briefe aneinander geschrieben. Ich will in diesem Bericht keine Abschiedsszenarien ausbreiten, ich kann nur sagen, dass es schwer war, die Leute gehen zu lassen, mit denen ich in nur vier Tagen zu einer großen Familie zusammengewachsen bin.

Es war ein Erlebnis, was ich niemals vergessen werde. Ich habe Leute kennengelernt, mit denen ich noch lange in Kontakt bleiben werde. Es war meine erste richtige internationale Pfadfinderaktion und es wird auch sicher nicht meine letzte bleiben. Von Angst und Aufregung zu Glück und Geborgenheit. Das macht Pfadfinden mit einem in nur vier Tagen. Mein Abenteuer Agora 2022 – Nordmazedonien.

Klara Holzheuser

„Mach andere glücklich und du wirst selbst glücklich sein"

Sponsorenlauf

Juni 2012. Sponsorenlauf. Samstag, 23. Juni 2012 um 19 Uhr vor unserer Kirche. Es ist herrliches Wetter. Die Sonne scheint. Ein paar Wolken sind am Himmel. Es ist nicht zu heiß. Die ersten Kinder und Erwachsenen, die sich am diesjährigen Sponsorenlauf beteiligen, treffen ein. Es ist der Vorabend des Pfarrfestes. Dieses Mal ist es ein besonderes Fest, denn es ist das 40jährige Jubiläum unseres Pfadfinderstammes. Die Pfadfinder wollen an ihrem runden Geburtstag nicht nur maßgeblich den Sponsorenlauf, sondern auch das ganze Pfadfinderfest organisieren und ausrichten. Es soll ein Zeichen sein, dass sich die Pfadfinder als Teil der Gemeinde sehen, nicht nur, dass sie die Räumlichkeiten der Pfarrei als Lagerraum und für die Gruppenstunden nutzen, sondern auch, dass sie im Gemeindeleben anwesend sind und sich gerne einbringen: Bei der Anbetungs-

▲ *Sponsorenlauf* *Pfarrbrief 2012*

stunde am Gründonnerstag, beim Osterfeuer und dem Feuer an Sankt Martin, beim Altargestalten an Fronleichnam und bei vielen weiteren Aktionen. Alles ist bestens vorbereitet: Die Musikanlage ist aufgebaut, Wasserkanister für die Läufer stehen bereit. Aufregung macht sich breit: Hat jeder seinen Sponsorenzettel abgegeben? Hat jeder einen Laufzettel auf dem Rücken? Die Strecke ist abgesperrt: Einmal rund um die Kirche, durch den Kindergartenhof und an der Mauer zurück zum Kirchturm – ca. 320 Meter, also nicht zu weit. Dann gibt Stefan Caspari das Startsignal: Los! Die Kinder laufen vorneweg. Die erste Runde ist noch einfach, auch die zweite Runde. Dann bekommen die ersten Läufer rote Köpfe. „Du musst mehr trinken“, „mach nicht so schnell“, rufen die Eltern an der Strecke, aber das ist schwer, wenn man von den Zaungästen und Sponsoren angefeuert wird. Am Kirchturm kurz anhalten, sich einen Rundenstrich geben lassen, vielleicht etwas trinken – und weiter. „Wie viele Runden bin ich gelaufen?“ Alle waren toll! Die Damen vom Frauenkreis, die sich erstmals entschlossen hatten mitzulaufen, hatten beachtlich viele Runden geschafft, ebenso der Vertreter vom Pfarrgemeinderat, obwohl er im Laufen ziemlich ungeübt war. Einige von den Pfadfindern haben mehr als 40 oder 50 Runden geschafft. Die Sponsoren nehmen den Rücklaufzettel in Empfang. „Was müssen wir jetzt bezahlen?“ Es ist alles für einen guten Zweck. Ein Teil des Geldes fließt in die Kirchensanierung, ein anderer Teil geht in die Gruppenkassen. So kann beispielsweise der Kindergarten der Gemeinde von den Sponsorengeldern profitieren. Alles zusammengerechnet sind 2800 Euro zusammengekommen. Gemeindeleben, auch Leben als Pfadfinder, bedeutet Bewegung, in Bewegung sein. So haben wir uns als Gemeinde und Gemeinschaft gemeinschaftlich und freundschaftlich bewegt.

Sabine Schneeberger

„Uns schickt der Himmel“ – 72-Stunden-Aktionen

Mai 2019. „Uns schickt der Himmel“ lautet das Motto einer Sozialaktion des Bundes der Katholischen Jugend (BDKJ) und seiner Verbände. In 72 Stunden werden in ganz Deutschland Projekte umgesetzt, die die Welt ein Stückchen besser machen. „Wir haben vom 23. bis zum 26. Mai 2019 an einer solchen Aktion teilgenommen“, erinnert sich Klara Holzheuser. „Unser Projekt war die Erneuerung des Spielplatzes an der Kellerranch in Weiterstadt.“ Die Kellerranch ist ein Gnadenhof für hilfsbedürftige, vernachlässigte und heimatlose Tiere. Esel leben dort, aber auch Schweine, Hunde, Katzen und Ziegen, Vögel und verschiedene Wildtiere. Sie sollen auf der Ranch ein neues, artgerechtes Zuhause finden. „Wir machten uns gleich nach dem Gottesdienst an die Arbeit.

▲ *72-Stunden-Aktion 2019 an der Kellerranch*
Archiv: Pfadfinderchronik

Zunächst begannen wir damit, die Überreste des alten Spielplatzes abzubauen. Das war gar nicht so einfach, denn teilweise mussten schwere Betonklötze aus der Erde gegraben und herausgehoben werden. Dann brauchten wir Materialien: Holz, Sand, Farbe und vieles mehr. Durch Telefonieren, Facebook-Aufrufe und sogar über das Radio haben wir Firmen und Privatleute gebeten, uns zu unterstützen. Das hat geklappt! Für einen Spielplatz ist ein Sandkasten vorgeschrieben. Also umrahmten wir mit vier Holzstämmen einen Teil des Platzes und siebten den Sand. Zwei volle Lastwagenladungen Sand haben wir verteilt! Aus drei anderen Stämmen haben wir einen Balancierpfad hergestellt. Das Dach des Pavillons wurde erneuert, die Rutsche hat eine Generalüberholung bekommen, und wir haben noch ein Holz-Xylophon gebaut und einen Barfußpfad gestaltet. Die Zeit war knapp, aber zusammen haben wir es geschafft."

Das war nicht die einzige Aktion dieser Art. Im Oktober 2004 ging es darum, ein Lehmhaus zu bauen. Schon lange hatte sich das Kollegium der Weiterstädter Peter-Petersen-Schule ein Fachwerkhaus mit Lehmwänden für die Schüler gewünscht. Fünfzehn Pfadfinder vom Bund Katholischer Jugend rücken auf dem Schulgelände an. „Kurze Lagebesprechung", schreibt Werner G. Feldmann, „dann schwirrt ein Teil der Gruppe los, um Kies und Zement für das Fundament zu organisieren. Die anderen nehmen Maß und skizzieren, was ein Haus werden soll." Bauunternehmer stiften Beton. Die Erde wird ausgehoben. Die Pfadfinder werkeln Tag und Nacht, 72 Stunden lang. Das bedeutet, Balken zuschneiden, aufstellen, Fenster und Türen einpassen, das Dach decken, zerschundene Hände pflastern. „Am Ende steht die Erfahrung, dass man unheimlich viel erreichen kann, wenn man will", schreibt Konrad Burlon später über die Aktion. Das Traumhaus dient der Abenteuer AG der Schule als Unterrichtsraum im Freien.

Die Altrover organisieren das Adventsessen

▲ *Chili con Carne – bei der 50-Jahr-Feier zum letzten Mal gekocht von den Altrovern „in alter Besetzung". Das Kochgeschirr „Marke Eigenbau" samt Zubehör wird an die nächste Generation Pfadfinder weitergegeben.* Maria Lorenz

Alle Jahre wieder im Advent. Die Altrover organisieren das Adventsessen. Wir sahen darin schon früh eine Möglichkeit, uns mit dem Erlös an verschiedenen sozialen und kirchlichen Projekten zu beteiligen. Das Essen war immer reichhaltig. Es gab Chili con Carne, Advents-, Linsen- und Kartoffelsuppe, jeweils mit Wursteinlage. In all den Jahren wurden 2758 Essen verkauft, für die zum Beispiel allein 83 Kilogramm Zwiebeln, 207 Kilogramm Hackfleisch, 622 Knoblauchzehen und 829 Dosen Bohnen geöffnet und verarbeitet wurden. Nachmittags gab es Kaffee und Kuchen, gespendet von der Gemeinde, verkauft vom Frauenkreis. Heute sind wir im Nachgang stolz darauf, dass es uns gelungen ist, auf diese Art und Weise mit der Gemeinde viele schöne Stunden im vertrauten Kreis zu verbringen. Besonders gefreut haben wir uns über den jeweiligen Erlös aus dem Verkauf des Essens und der Kuchen. Seit 2001 kamen 14.875 Euro zusammen, dazu noch einmal persönliche Spenden von den Altrovern von 15.126 Euro, macht zusammen 30.001 Euro. Mit diesem Geld unterstützten wir viele Projekte. Es ging unter anderem darum, Opfern bei der Flutkatastrophe auf den Philippinen zu helfen. Wir haben die Industriespülmaschine im Gemeindezentrum mit angeschafft, haben den Kirchenbauverein unterstützt, ebenso den Brunnenbau in Father Jude Nnannas Heimat in Afrika und die Orgelsanierung in unserer Pfarrkirche.

Günter Weber

Aktion Friedenslicht

Im Jahr 1986 wurde die „Aktion Friedenslicht" ins Leben gerufen. Das geschah auf Initiative des Österreichischen Rundfunks (ORF). Angefangen hat alles mit der Anregung einer Hörerin, allen Spendern, die die ORF-Hilfsaktion „Licht ins Dunkel" unterstützt hatten, mit einem Licht zu danken. Seitdem entzündet jedes Jahr ein Kind aus Oberösterreich kurz vor Weihnachten ein Licht in der Geburtsgrotte Jesu in Bethlehem. Dieses Licht wird in einer Speziallampe mit dem Flugzeug nach Wien gebracht und von dort aus weiter verteilt. Seit vielen Jahren haben sich besonders die Pfadfinder dieser Aktion angenommen. In Deutschland ist es eine Gemeinschaftsaktion des Bundes der Pfadfinderinnen und Pfadfinder (BdP), des Bundes Moslemischer Pfadfinder und Pfadfinderinnen Deutschlands (BMPPD), der Deutschen Pfadfinderschaft Sankt Georg (DPSG), der Pfadfinderinnenschaft St. Georg (PSG), des Verbands Christlicher Pfadfinderinnen und Pfadfinder (VCP) sowie des Verbands Deutscher Altpfadfindergilden (VDAPG). Sie kümmern sich darum, dass das Licht in viele europäische Länder weiterverbreitet wird. Das Licht erinnert an die weihnachtliche Botschaft. Die Pfadfinder wollen ein Zeichen für Frieden und Völkerverständigung setzen. Licht – Zeichen der Hoffnung.

▲ *Friedenslicht 2015 und 2020* ▼

Pia Holzheuser

Dezember 2003. Aus der Chronik: „Am 14. Dezember um 14:30 Uhr herrscht auf der Theodor-Heuss-Brücke zwischen Mainz und Wiesbaden Hochbetrieb. Über 800 Menschen hatten mit einer über 300 Meter langen Lichterkette ein beeindruckendes Zeichen gegen soziale Kälte gesetzt und das Friedenslicht aus Bethlehem weitergetragen. In der Brückenmitte hatten Weihbischof Neymeyer und Diözesankurat Markus W. Konrad die Flamme an die Pfadfinder des Bistums Limburg weitergereicht, die von der Wiesbadener Seite auf die Brücke gekommen waren. Anschließend wurde das Licht als ‚Stafette des Friedens' in die Bistümer Mainz und Limburg weitergetragen. In Gemeinden, Kirchen, Familien, Pfadfinderstämmen, Einkaufszentren und Rathäusern, bei Politikern, Medien und anderen Personen des öffentlichen Lebens leuchtet es. ‚Was klein beginnt, kann Großes bewirken', rief unser Kurat Markus W. Konrad in seiner Predigt auf, die Flamme als Zeichen des Friedens und der Wärme weiterzutragen. ‚Soziale Kälte fängt bei jedem Einzelnen an.' So stehe die Flamme dieses Jahr als Zeichen der Solidarität mit Arbeitslosen, Obdachlosen, Behinderten oder Kranken. ‚Angesichts der Veränderungen in unserem Sozialstaat fordern wir Politiker auf, sich für soziale Gerechtigkeit einzusetzen.' Zur Aussendungsfeier mit Weihbischof Neymeyr, Jugenddezernent im Bistum Mainz in der Kirche St. Peter, waren rund 550 Kinder, Jugendlichen und junge Erwachsene aus allen Bereichen des Bistums gekommen. Viele hatten Laternen und Transparente mitgebracht. Am Ende der Aussendungsfeier war es ein beeindruckendes Lichtermeer: Hunderte Kerzen brannten in der Kirche, alle angezündet an einer besonderen Flamme, dem Friedenslicht von Bethlehem. ‚Das Licht von Bethlehem bringt Licht und Freude für die Herzen der Menschen', sagte Kardinal Karl Lehmann beim Besuch der Kapelle des Mainzer Bischofshauses. Auch wenn das Friedenslicht nicht gleich die Welt verändern könne, sei es doch ‚von großer Bedeutung für die Gesellschaft', sagte Lehmann. Der Mainzer Bischof dankte den Pfadfindern für ihren Dienst als ‚Boten und Zeugen des Lichts'.

»Now, I say a word to you who are parents. We try to make these boys and girls in what we call the 3 H's, that is Happy, Healthy, Helpful citizens.

And you will find if you send your boys and girls to the scout or guide movement, we help the schools. They teach them knowledge in order to succeed in their examinations and so on … and we teach them character so they may succeed in life.«

Baden-Powell

Was Eltern über Pfadfinder denken

„Ich kann mich noch gut an meine eigene Zeit bei den Pfadfindern erinnern", schwärmt Prisca Stadler. „Das war eine coole Zeit. Armin und Martin waren damals meine Leiter. Wir haben viel unternommen. Die Zeltlager waren für mich etwas ganz Besonderes, auch das soziale Miteinander hat mir gefallen und dass wir uns gemeinsam für andere engagiert haben." Als sich ihre beiden Söhne für die Pfadfinder zu interessierten begannen, war sie sofort dabei. Margot Göcke musste erst einmal tief durchatmen. „Ich brauchte schon eine große Portion Vertrauen, um meinen Sohn jugendlichen Leitern anzuvertrauen", gibt sie ganz offen zu. Und wenn sie an die Zeltlager denkt, „was die Kinder dort alles machen – sägen, hämmern. Da bekomme ich Zustände!" Monika Wehrle ging es ähnlich. Sie ist Anfang der 1970er Jahre mit ihrer Familie nach Weiterstadt gezogen, war in der Pfarrgemeinde aktiv. Eines Tages sprach Pfarrer Hans-Josef Klein ihren Sohn in der Cafeteria im Schwimmbad an und fragte, ob er nicht Lust habe, zu den Pfadfindern zu kommen. „Natürlich haben wir uns gefreut, dass er sich dort engagiert", erzählt sie. „Wir haben ihn auch unterstützt. Mein Mann hat Pfadfinder-Kinder oft ins Zeltlager gefahren und von dort wieder abgeholt. Das war für uns selbstverständlich." Sie spricht aber noch eine andere Seite des Pfadfinder-Seins an. „Ehrlich gesagt, ich hatte immer Angst, dass etwas passiert. Vielleicht war es gut, dass ich nicht so genau wusste, was in den Gruppenstunden und vor allem in den Zeltlagern so alles gemacht wurde." Und dann erzählt sie noch von den großen Wäschebergen nach jedem Zeltlager. „Alles war dreckig. Die ganze Wäsche hat nach Lagerfeuer gestunken. Alles musste erst einmal in die Waschmaschine. Manchmal habe ich im Rucksack von meinem Sohn Hemden oder Socken gefunden, die ich vorher noch nie gesehen hatte." Das ist jetzt viele Jahre her, aber im Prinzip machen Eltern heute ganz ähnliche Erfahrungen. Margot Göcke war viel als „Mama-Taxi" unterwegs. Ihr hat imponiert, wie viel Spaß ihr Sohn bei den Pfadfindern hatte. „Die Gruppenstunden, die vielen Aktionen – die Kinder können bei den Pfadfindern wirklich Selbstvertrauen lernen. Sie spüren, sie werden gebraucht, sie müssen sich engagieren. Das ist wichtig!" Auch Iris Heukelbach war es ein Anliegen, dass ihre Kinder beim lokalen Pfadfinderstamm reinschnuppern. „Die gemeinhin typischen Pfadfinder-Werte haben mir gefallen", sagt sie. „Im Pfadfindergesetz steht unter anderem ‚Pfadfinder begegnen allen Menschen mit Respekt', ‚Pfadfinder gehen zuversichtlich und mit wachen Augen durch die Welt' oder ‚Als Pfadfinder sage ich, was ich denke und tue, was ich sage'. Diese und die übrigen Werte sind ebenso lobenswert wie schützenswert. Viel zu selten wird in unserer heutigen Gesellschaft nach solchen Aspekten gelebt, wird für den Nächsten eingetreten und viel zu oft müssen Menschen sich allein durch Schwierigkeiten schlagen, sind kurz vorm Aufgeben, weil sie keinen Halt finden. Pfadfinder halten zusammen, Pfadfinder sind verlässlich, Pfadfinder helfen, Pfadfinder leben einfach und umweltbewusst. Soweit ich es als Mutter beurteilen kann, trifft dies auf die Pfadfinder der DPSG Weiterstadt zu. Und ich bin dankbar dafür und glücklich darüber, dass mein Sohn ein Teil dessen sein durfte und sein darf. Denn auch wenn er heute von seinem Studienort nach Hause kommt, trifft er auf jeden Fall seine Pfadfinderfreunde, hat nicht nur bei uns als seiner Familie, sondern auch bei ihnen einen festen Platz."

▲ *v.o.n.u.: Iris Heukelbach, Margot Göcke, Lothar Thon, Prisca Stadler.*
Claudia Wehrle

▲ *Versand von Päckchen in der Coronazeit.* Pia Holzheuser

Pfadfinder sein in Zeiten der Pandemie

Wo auch immer wir 2019 Silvester gefeiert haben – so hatten wir uns die kommenden Jahre nicht vorgestellt. Wir hatten so viele Pläne: Im Frühjahr wollten wir im Pfarrgarten Zelte aufbauen, um für das anstehende Sommerlager zu üben. Zeltgeschichten wollten wir uns gegenseitig erzählen, Lagerfeuer machen und Stockbrote grillen. Pfingsten sollte es nach Westernohe gehen, im Sommer dann das Lager „Grenzenlos“ mit über 1000 Pfadfindern aus der gesamten Diözese. Die Wölflinge und Jungpfadfinder hatte sich auf das Eltern-Kind-Lager gefreut. Gemeinsam Wanderstöcke schnitzen, so der Plan. Beim Küchendienst wollten sie demonstrieren, dass alle mit anpacken können (auch wenn es ums Zwiebelschneiden geht). Vor allem aber ging es darum, den Eltern zu zeigen, was es bedeutet, Pfadfinder zu sein. Alles war fertig vorbereitet. Außerdem stand die Stammesversammlung an, wo Kinder und Jugendliche mitbestimmen können, wie es bei den Pfadfindern weitergehen soll und natürlich viele, viele Gruppenstunden. Alles abgesagt, um die Corona-Pandemie irgendwie in Griff zu bekommen. Natürlich haben wir möglichst schnell Online-Angebote geschaffen, aber wie sollten sie das ersetzen, was wir sonst so gerne tun? Wir waren alle ein bisschen traurig, als wir Freitagabends zur „Gruppenstunde“ allein zu Hause saßen und in den Laptop schauten, wo uns unsere Freunde „gegenüber“ saßen. Aber wie so oft in dieser Zeit: „Das ist besser als gar nichts.“ Am letzten Freitag der Sommerferien 2020 – das erste große Treffen nach dem Lockdown, mit Maske und Abstand. Wir waren sehr vorsichtig.

▼ *Lagerfeuer – die Pfadfinderfreunde können während der Coronazeit nur vom Bildschirm aus zusehen* Pia Holzheuser

Viele hatten auch ein bisschen Angst, sich wieder zu treffen, aber wir gewöhnten uns schnell daran, auf Abstand zu gehen und trotzdem Spaß zu haben. Die Rover schafften es im Herbst sogar, unter Auflagen fünf Tage gemeinsam bei Regen und Matsch in Westernohe zu zelten. Dann – wieder Lockdown. Der Stufenwechsel im Dezember 2020 wurde in einer Zoom-Konferenz gefeiert. Die einzelnen Stufen trafen sich in verschiedenen „Räumen" zum Verabschieden der alten und zum Begrüßen der neuen Mitglieder. Als Ersatz für unsere Weihnachtsfeier gab es „Weihnachtspakete" mit Plätzchen, Zutaten und einem Rezept für einen Pfadfinderpunsch, etwas zum Basteln für Weihnachten und alle Utensilien für eine „Knalltüte" zu Silvester. Ostern 2021 gab es wieder „Pakete", die ein bisschen Pfadfinderstimmung nach Hause bringen sollten: Ostereierfarben mit Lebensmitteln aus der Natur, eine Anleitung zum Bauen von „Samenbomben", damit die Pfadfinder mal wieder dreckige Hände bekommen und Erde schnuppern konnten, außerdem Süßigkeiten und die Geschichte, warum das Osterei zum Symbol der Auferstehung werden konnte. Auch Pfingsten in Westernohe 2021 wurde zu einem „Pfingsten zu Hause". Jeder Pfadfinder bekam Post und musste eine Rallye absolvieren, um sich den begehrten Aufnäher zu sichern. Persönliche Treffen in kleinen Gruppen wurden, sobald sie erlaubt waren, gerne angenommen und intensiv erlebt. Wir alle hatten in den vergangenen Monaten wohl mehr Herausforderungen, als wir uns das an Silvester 2019 vorgestellt hatten. „Be prepared" sagte Robert Baden-Powell, der Gründer der Pfadfinderbewegung, einst. „Hat man den Willen zu etwas, gelingt es auch, gleich, was einem im Wege steht." Der Wille weiter zu machen, Kinder mit dem, was wir tun und planen zu begeistern, ist auf jeden Fall noch da! Es gibt noch so viel Spannendes zu entdecken in der Welt. Wir freuen uns, wenn immer mehr junge Leute sich für Pfadfinder interessieren und dazukommen, denn so entstehen immer neue Möglichkeiten und eine größere Gemeinschaft.

Klara Holzheuser

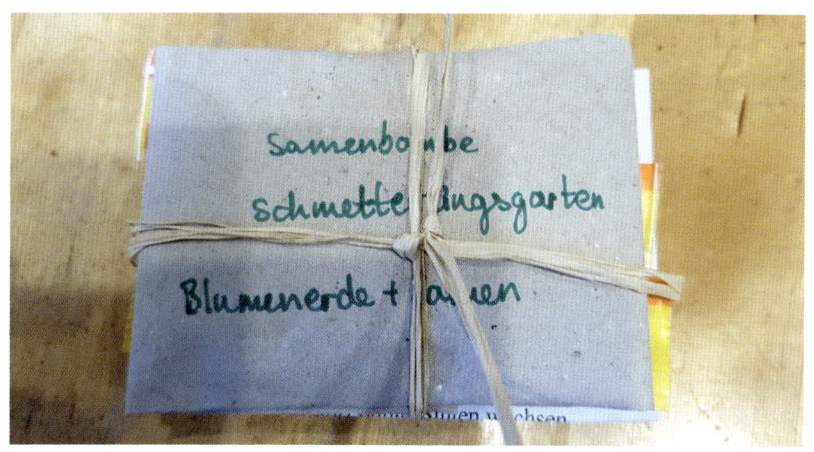

◂ *Pia Holzheuser*

▸ *Die Gäste*
Pia Holzheuser

Die 50-Jahr-Feier – eine Nachlese

Nach den vielen Vorbereitungstreffen, insbesondere der finalen Leiterrunde am 13. Juni 2022 wurde es wirklich ernst. Nun waren bis zum Jubiläumswochenende nur noch wenige Tage Zeit und viele Dinge waren jetzt vom Plan ins Werk umzusetzen. Die Ausstellung war aufzubauen, die Technik für die Party zu organisieren und vieles mehr. Ja, es gab sie, die plötzlichen Hindernisse und unerwarteten Ereignisse. Der Ausfall der gelieferten Zapfanlage für die Roverparty gehörte zum Beispiel dazu. Aber hier wie in anderen Fällen fand sich durch das Eingreifen von Familiennetzwerken und Co eine schnelle Lösung.

▸ *Einladung zur 50-Jahr-Feier*
Archiv: Pfadfinderchronik

Der erste große Tag, Freitag, der 24. Juni 2022. Die Jubiläumsfeier sollte starten. Zunächst sah alles noch ganz gut aus. Doch schon beim Zeltaufbau im Pfarrgarten stellte sich Regen ein. Als die Roverparty auf dem Sportplatz beginnen sollte, war es richtig ungemütlich feucht und kühl. Die empfindliche Technik wurde erst einmal in Sicherheit gebracht und ein neues Zelt aufgebaut. Als dann die ersten Partygäste, unter anderem auch die Messdiener aus Weiterstadt, Griesheim und Pfadfinder befreundeter Stämme eintrudelten, war alles so weit, dass der erste schöne Jubiläumsabend beginnen konnte. Viele ehemalige Leiterinnen und Leiter fanden sich zum Dienst hinter der Theke ein und hatten selbst viel Spaß dabei, Getränke an die Frau beziehungsweise an den Mann zu bringen. Bedingt durch den Regen fanden sich weniger Gäste ein als erwartet von weiter entfernten Stämmen. Dennoch feierten die, die gekommen waren, eine schöne Party.

▲ *50-Jahr-Feier*
Pia Holzheuser

Der zweite Festtag begann noch in der Nacht davor. Ein Teil des Partyequipments musste abgebaut und am Gemeindezentrum für die folgende Feier aufgebaut werden. Die „Partypeople" übernachteten nicht nach alter Sitte im Zelt, sondern wegen des Regens im Gemeindezentrum. Dort wurde am Samstagvormittag fleißig gearbeitet: Die Altrover kochten zum letzten Mal ihr berühmtes Chili für den Sonntag, passende Plätze für Ausstellung und Diashow wurden gesucht und gefunden. Gegen 15:00 Uhr fanden sich die ersten Ehemaligen ein, viele in ihrer alten Kluft. Sie waren gespannt auf ein Wiedersehen. Die Wiedersehensfreude stellte sich dann auch tatsächlich ein. „Schön, dich zu sehen", „toll, dass du da bist", „dich habe ich ja ewig nicht gesehen", hörte man überall. Zur Begrüßung der Gäste läutete die Lagerglocke und mit einem kräftigen „Alle Mann, ran" begann das obligatorische Kaffeetrinken. Selbst eine Schoko-50 gab's als Kuchen. Danach ließ sich fast jede und jeder auf den Schwedenstühlen nieder, um die alten Dias und Fotos anzuschauen. Man tauschte Erinnerungen aus. Begeisterung rief ein Bild vom 25jährigen Jubiläum hervor, das ein lächelndes, junges Paar zeigte. Genau dieses Paar saß wieder lächelnd (etwas älter inzwischen) unter den Zuschauern. Auch bei der Ausstellung ergaben sich viele Gelegenheiten zum Gespräch über pfadfinderisches Leben und Wirken. Vor den großen

◂ *50-Jahr-Feier*
Maria Lorenz

▲ 50-Jahr-Feier *Maria Lorenz*

Kräftemessen *Archiv: Pfadfinderchronik* ▼

Landkarten tauschte man sich über Lagerziele aus, fehlende Orte wurden aus der Erinnerung ergänzt. An der Zeitleiste der Stammesvorsitzenden wurde diskutiert, Bilder von Lagerbauten bewundert und die „Wer-kennt-wen-Collage" aus vielen Portraits regte zu zahlreichen Nachfragen und der Bildung von WhatsApp-Gruppen an. Zwischenzeitlich bereiteten die Aktiven auf der Wiese den Spiel- und Spaßwettkampf „Alt gegen Jung" vor. Dabei traten Teams aus Aktiven und Ehemaligen gegeneinander an. Die Teilnehmerinnen und Teilnehmer mussten sich beim Sägen, Holz spalten, Wasserkanister tragen, Dreibein aufstellen und Hering einschlagen beweisen. Die Highlights waren stets die interfamiliären Kämpfe zwischen Sohn/Tochter und Mutter/Vater. Vor dem Abendessen erhielten drei Leiter nach beendeter Ausbildung ihr graues Halstuch. Zum Abendessen gab es gegrillte Würstchen und gespendete Salate. Den Abschluss des Tages bildete die traditionelle Singrunde am Lagerfeuer unter der großen Jurte, wo sich Gitarristen bis spät in die Nacht die Finger wund spielten. Auch dabei kam dem einen oder anderen Ehemaligen so manches Tränchen.

▲ *Abendliches Singen*
Pia Holzheuser

Der dritte Jubiläumstag, bei dem auch das „Fest der Gemeinden" gefeiert wurde, begann mit einem festlich-fröhlichen Gottesdienst. Zum Einzug trugen aktive Pfadfinderinnen und Pfadfinder sämtliche Banner und Fahnen aus der Stammesgeschichte in die Kirche. Zum Abschluss sangen alle aus voller Kehle „Flinke Hände, flinke Füße". Beim anschließenden Gemeindefest gab es neben anderen Gerichten auch die bereits oben erwähnte Suppe der Altrover. Diese spendeten ihr Kochgeschirr „Marke Eigenbau" samt Zubehör an die nächste Generation Pfadfinder.

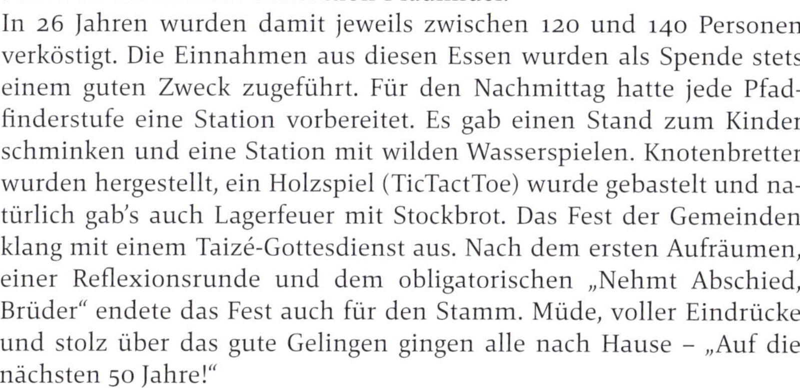

In 26 Jahren wurden damit jeweils zwischen 120 und 140 Personen verköstigt. Die Einnahmen aus diesen Essen wurden als Spende stets einem guten Zweck zugeführt. Für den Nachmittag hatte jede Pfadfinderstufe eine Station vorbereitet. Es gab einen Stand zum Kinder schminken und eine Station mit wilden Wasserspielen. Knotenbretter wurden hergestellt, ein Holzspiel (TicTactToe) wurde gebastelt und natürlich gab's auch Lagerfeuer mit Stockbrot. Das Fest der Gemeinden klang mit einem Taizé-Gottesdienst aus. Nach dem ersten Aufräumen, einer Reflexionsrunde und dem obligatorischen „Nehmt Abschied, Brüder" endete das Fest auch für den Stamm. Müde, voller Eindrücke und stolz über das gute Gelingen gingen alle nach Hause – „Auf die nächsten 50 Jahre!"

Pia und Johannes Holzheuser

Archiv: Pfadfinderchronik ▼

???
Wer
kennt
wen
???

Unser Stamm

▲ *Die DPSG Weiterstadt, Stamm St. Johannes der Täufer*
▼ *Der Stammesvorstand: Theresa Backes, Johannes Stinhöfer Kurat: Nicolas Göcke*
Andreas Schonert

Die DPSG Weiterstadt umfasst etwa 90 Mitglieder. Die Kinder und Jugendlichen sind in verschiedene Altersstufen unterteilt. Die Gruppenstunden finden jeweils freitags in den Räumen der Kirchengemeinde oder im Braunshardter Schloss statt. Betreut werden die Kinder und Jugendlichen von einem Team aus zwei oder mehreren Gruppenleitern. Alle Leiter im Stamm haben eine pädagogische und rechtliche Grundausbildung der DPSG absolviert oder werden daran teilnehmen. Das große Zeltlager findet in den Sommerferien immer abwechselnd mit dem ganzen Stamm oder in den einzelnen Stufen statt. Daneben gibt es viele andere Unternehmungen wie das Friedenslicht aus Mainz holen, die 72-Stunden Aktion und natürlich Grillfeste mit den Eltern und der Gemeinde, um ihnen vorzustellen, was wir so alles unternehmen. „Versucht, diese Welt ein bisschen besser zu machen als ihr sie vorgefunden habt" – diese Worte von Robert Baden-Powell haben sich alle Pfadfinder zum Wahlspruch gemacht – ob sie vier Jahre alt sind und „Biber" heißen oder achtzehn Jahre und Rover sind. Wer die Welt verändern will, muss sie erst einmal kennen- und mit ihr umgehen lernen. Die einzelnen Stufen stellen sich vor:

Biber: Pfadfinden erleben

Pfadfinderinnen und Pfadfinder ab 4 Jahren werden „Biber" genannt. Bei uns in Weiterstadt ist es die jüngste Gruppe im Stamm. Seit August 2020 trifft sich eine Gruppe von 20 Kindern. Nachdem im Herbst 2021 fast alle Kinder in die Wölflingsgruppe gewechselt sind, haben wir nun „Biber" im zweiten Durchgang.

Unter dem Motto „Pfadfinden erleben" sollen sich Biber spielerisch die Welt erobern, neue Freundinnen und Freunde finden und miteinander

Erfahrungen und Erlebnisse teilen: im Spiel, in der Natur und im Glauben. Wir treffen uns freitags von 16.30 Uhr bis 17.30 Uhr im Pfarrgarten, im Gemeindezentrum oder im Wald bei der Kellerranch. Unsere Gruppenstunde besteht aus gemeinsamen Spielrunden und Singen, angeleiteten Experimenten, Naturentdeckungen und Freispiel. Wir beginnen unsere Gruppenstunden immer mit dem Pfadfinderlied „Flinke Hände, flinke Füße“ und einer kurzen Erzählrunde. Danach lernen und entdecken wir „Pfadfinder-Wissen“. Das kann ein Bilderbuch über den Hl. Georg, den Schutzpatron der Pfadfinder sein, das Betrachten und Untersuchen einer Sonnenblumenblüte oder auch Wissenswertes über die Kluft und die Farben der einzelnen Stufen. Immer dabei in unseren Gruppenstunden sind unsere Maskottchen „Lea“ und „Johannes“, die die Gruppenkinder bei allen Abenteuern und Naturentdeckungen unterstützen. Die Stoffbiber helfen schüchternen Kindern, etwas zu erzählen und trösten bei Schwierigkeiten. Sie sind auch Teil unserer Spiele („Biber-Versteckspiel“, „Biberschwanz-fangen“). Während des Lockdowns haben „Lea“ und „Johannes“ die Kinder reihum besucht und die Erlebnisse mit ihnen in zwei Tagebüchern aufgeschrieben und gemalt. Ein Highlight der Stunde ist unsere Essenspause „Frisch am Stamm genagt“, die aus Baumstämmen (Salzstangen) besteht. Die weitere Gruppenstunde besteht aus Spielen, mal mit und mal ohne Ball und einer Abschlussrunde. Besonderen Spaß haben die Biber, wenn gemeinsame Gruppenstunden mit den Wölflingen und Jungpfadfindern stattfinden, zum Beispiel bei Lagerfeuer und Stockbrot. Dann schauen die jungen Biberjungen und -mädchen ganz genau zu, wie „die Großen“ Feuerholz sägen und das Lagerfeuer anzünden – bis sie irgendwann (hoffentlich) den Kleinen zeigen, wie man ein Lagerfeuer macht.

▲ *Die Biber*
Andreas Schonert

Wölflinge: Raus aus der Routine

„Wölflinge sind aktiv, nachdenklich, neugierig, ruhig, wild, leise, laut, stark, kreativ, mutig, schlau, abenteuerlustig, verspielt, wagemutig, phantasievoll – vor allem aber einzigartig. Sie entwickeln ihre Fähigkeiten und Fertigkeiten stets weiter“, so steht es in der Ordnung der DPSG.

Unsere Wölflinge sind zehn Kinder im Alter zwischen sechs und zehn Jahren. Sie kommen aus allen Ortsteilen von Weiterstadt. Wir treffen uns jeden Freitag von 17.30 Uhr bis 19.00 Uhr im Gemeindezentrum oder im Garten vor dem Büro der Kirchengemeinde oder am Braunsharder Tännchen. Wir sind verspielt, spielerisch, lustig, abenteuerlich und noch

▲ *Die Wölflinge*
Andreas Schonert

vieles mehr. Am Anfang jeder Stunde jagen wir unseren Bällen hinterher (alles, nur kein Fußball!), denn wir lieben es, miteinander zu spielen. Eine Herausforderung zum Beispiel ist es, eine Brücke aus unseren Händen und Armen zu bauen, so dass sich jemand von uns darauflegen kann. Das ist nicht leicht, aber wenn man es lange genug ausprobiert, zusammenhält und nicht die Geduld verliert, dann entsteht eine Brücke. In jeder Stunde beschäftigen wir uns außerdem mit einem Thema. Wir basteln etwas oder unterhalten uns über Dinge, die uns auf dem Herzen liegen. Im Herbst schnitzen wir Kürbisse oder stellen Vogelfutter her. Unser Lieblingsthema ist das Feuer. Mit dem Feuer umzugehen ist eine Herausforderung, die man gut gemeinsam bewältigen kann. Es gibt viele spannende Experimente, die wir mit Feuer ausprobieren, zum Beispiel Mehl ins Feuer geben. Die Wölflinge dürfen bei uns viel selbst machen und ausprobieren. Auch das Schnitzen mit einem Messer gehört dazu. Das ist etwas, was uns Wölflingen sonst nicht zugetraut wird, aber: Wir können das! Zum Ende jeder Stunde gibt es einen Schlusskreis mit dem Wunsch: Wir wünschen euch ein „schönes Wochenende“ und dann kommt die „Wochenendrakete“. Wir sind bei den Pfadfindern, weil wir dort viele Kinder treffen und mit ihnen gemeinsam viele Spiele spielen können. Viele unserer Eltern waren schon Pfadfinder und wünschen sich, dass auch wir Teil dieser besonderen Gemeinschaft werden. Wir sind eine tolle Gemeinschaft und freuen uns die ganze Woche auf den Freitag.

Jungpfadfinder: Abenteuer pur

▼ *Die Jungpfadfinder*
Andreas Schonert

„Abenteuer sind Erlebnisse, deren Ausgang noch unklar ist. Sie enthalten etwas Unbekanntes, sei es eine fremde Umgebung, eine ungewöhnliche Situation oder eine neue Aufgabe. Mithilfe von Abenteuern können sich Jungpfadfinder an neuen Herausforderungen ausprobieren, Erfahrungen für sich und den Stamm sammeln und daran wachsen“, ist in der Ordnung der DPSG zu lesen.

Wir „Jufis“ sind elf Mädchen und Jungen im Alter von zehn bis dreizehn Jahren, die sich jeden Freitag von 17.30 Uhr bis 19.00 Uhr in den Räumen der Gemeinde und vor dem Schloss in Braunshardt treffen. Wir spielen viel miteinander, wollen Neues lernen und viel Spaß haben. Obwohl wir alle sehr unterschiedlich sind, haben sich durch unsere Gruppenstunden, Erlebnisse und Zeltlager viele Gemeinsamkeiten ergeben. Wir gehen in unserer Stufe einen Schritt weiter zum Erwachsenwerden (level up) und genießen den Zusammenhalt untereinander wie in einer großen Familie. Wir sind Pfadfinder geworden, weil es uns Spaß macht, einfach zu leben und auf dem Zeltlager die Natur zu erleben. Einige von uns haben schon große Geschwister im Stamm, durch sie sind wir neugierig geworden auf die Lager, das Heiken und die Gruppenstunden. Wir möchten neue Erfahrungen sammeln, unsere Liebe zur Natur zeigen, an Naturschutzprojekten arbeiten, im Zelt schlafen und „die Welt zu einem besseren Ort machen“, so wie Robert Baden-Powell es formuliert hat.

Pfadfinder: Lebensstile finden

„Pfadfinderinnen und Pfadfinder gehen Wagnisse ein, probieren sich aus und erfahren Neues“, heißt es in der DPSG-Ordnung. Wir Pfadfinder sind die „grüne“ Stufe im Stamm. Wir sind acht Jugendliche. Die meisten von uns sind schon seit den Kinderstufen bei den Pfadfindern dabei. Wir treffen uns jeden Freitag von 18.30 Uhr bis 20.00 Uhr im Gemeindezentrum in Weiterstadt. Wir haben immer viele Spiele gespielt. Ab und zu haben wir gemeinsame Gruppenstunden mit den Wölflingen und Jungpfadfindern. Darauf freuen wir uns. Uns machen aber auch Aktionen mit den anderen Stufen im Freien viel Spaß, wenn wir beispielsweise ein Lagerfeuer machen oder Stockbrot grillen. Auch andere Aktionen wie Hängematte bauen sind schön. In den Gruppenstunden haben wir die Möglichkeit, uns selbst zu entwickeln und einzubringen. Kurzum – wir können das tun, worauf wir als Gruppe Lust haben. Besonders geprägt haben uns die Online-Gruppenstunden während der Corona-Zeit. Wir haben viele Gespräche geführt, aber auch Spiele gespielt wie „Among us“. Das waren während des Lockdowns unsere wichtigsten sozialen Kontakte. Sie haben uns als Gruppe eng zusammengeschweißt. Die Pfadfinder haben unser Verhalten sehr geprägt. Wir sind immer ein Stück Pfadfinder, besonders in den Sachen, die uns wichtig sind: Natur, Umwelt und Nachhaltigkeit.

▲ *Die Pfadfinder*
Andreas Schonert

Wag es, den nächsten Schritt zu tun
Wag es, dein Leben zu lieben
Wag es, deine Augen aufzumachen
Wag es, nach dem Sinn deines Lebens zu suchen ...

▲ *Die Rover*
Andreas Schonert

Rover: Auf zu neuen Ufern

Wir sind die Rover! Wir sind zwischen fünfzehn und zwanzig Jahren alt und treffen uns jeden Freitag von 19.30 Uhr bis 21.00 Uhr im Jugendraum in Weiterstadt. Manchmal bleiben wir auch länger, je nachdem, was wir vorhaben.

Ein Vorteil der Roverstufe ist, dass wir selbst entscheiden dürfen, was wir in den Gruppenstunden machen. Wir müssen halt auch alles selbst organisieren. Daher läuft es meistens auf gemütliches Zusammensein in der Sofaecke hinaus. Währenddessen planen wir oft zukünftige Unternehmungen, wie beispielsweise unseren Hike auf dem Sommerlager. Warum wir Pfadfinder geworden sind? Darauf gibt es unendlich viele Antworten. Ganz wichtig für uns sind die Gemeinschaft und die gemeinsamen Erlebnisse. Das schweißt zusammen. Einige von uns kamen durch ihre Eltern oder durch die älteren Geschwister zu den Pfadfindern. Sie erzählten immer von den Gruppenstunden oder vom Zeltlager und schwärmten davon, was sie alles erlebt hatten. Natürlich will man da auch dabei sein. Wir erinnern uns manchmal, wie wir beim Abholen der großen Geschwister am Zaun standen und den letzten Minuten der Gruppenstunden zuschauten, immer mit der einen Frage auf den Lippen: Wann würden wir endlich auch dabei sein? Andere kamen erst nach dem letzten Lager zu uns. Sie sind direkt in die Roverstufe eingestiegen. Für die meisten von uns ist Pfadfinder sein ein großer und wichtiger Teil unseres Lebens, der stark prägend war und immer noch prägend ist. Er ist aus dem Leben nicht mehr wegzudenken. Wir beginnen unseren Freunden über die Pfadfinder zu erzählen. Das ist der Grund, warum wir selbst in der Roverstufe noch Zuwachs bekommen.

Leiter: Gemeinsam unterwegs

Wir sind die Leiterrunde des Stammes St. Johannes der Täufer Weiterstadt. Was wir machen? Das ist nicht in fünf Worte zu fassen.

Eine unserer wichtigsten Aufgaben ist die Organisation der einzelnen Gruppenstunden. Weiterhin müssen wir uns um die Stammesaktionen wie zum Beispiel Sommerlager oder Stammeslager kümmern. Der Austausch zwischen den einzelnen Stufen und Leitungsteams in unserem Stamm ist auch eine wichtige Aufgabe. Schließlich soll die linke Hand wissen, was die Rechte tut und umgekehrt. Um das zu schaffen, treffen wir uns einmal im Monat im Braunshardter Schloss, um unsere Leiterrunde abzuhalten. Neben diesen monatlichen Zusammenkünften treffen sich die einzelnen Leitungsteams öfter, um Gruppenstunden vorzubereiten. Für die Stammesaktionen werden meistens eigene Organisationsteams gebildet, die sich nach Bedarf treffen. Ist Leiter sein nur Arbeit? Natürlich nicht! Die Arbeit mit den Kindern macht uns allen riesigen Spaß, sonst würden wir wahrscheinlich diese ehrenamtliche Arbeit auch nicht machen. Einmal im Monat kommen wir zu einem Leiterabend zusammen, an dem wir gemeinsam etwas Besonderes unternehmen. Das kann der Besuch des Schlossgrabenfestes in Darmstadt sein oder ein Grillabend, oder, oder, oder. Normalerweise bleiben wir nach den Gruppenstunden noch zusammen und verbringen einen schönen Freitagabend zusammen.

▲ *Die Leiterrunde*
2021 Pia Holzheuser

Altrover: LDiM

1988 veranstalteten die Jungpfadfinder des Stammes ihre legendäre Floßfahrt auf der Lahn mit zwei selbstgebauten Flößen. Viele Eltern unterstützten diese Aktion auf unterschiedlichste Weise. Hanne und Micky Lugert vereinten einen Teil dieser Eltern in einer neuen Gruppe. Da wir deutlich älter waren als die „regulären Rover", nannten wir uns „Altrover".

LDiM – der letzte Dienstag im Monat. Das steht seit damals bei uns rot im Kalender, wenn nicht gerade Lockdown ist. Jeweils am letzten Dienstag im Monat treffen wir uns, immer zu einem speziellen Motto. Einige der Gründungsmitglieder sind mittlerweile schon verstorben, aber zum Glück sind auch immer wieder neue zu dem lustigen Haufen hinzugekommen. Einige von uns sind mittlerweile schon über 60 bzw. über 80 Jahre alt. Wir machen einmal im Monat gemeinsame Ausflüge und spezielle Aktionen an den Wochenenden. Dazu gehören Wanderungen (diese werden immer kürzer ...), Städtetouren oder das Heringsessen am Aschermittwoch. Kurz nach der Floßfahrt sind wir natürlich auch auf der Lahn gepaddelt und haben uns auf einem kommerziellen Floß über die Fulda schippern lassen. Über viele Jahre hinweg haben wir das Adventsessen in der Gemeinde veranstaltet – geschnippelt, gekocht, serviert und viel Spaß am gemeinsamen Arbeiten gehabt. Zur 50-Jahr-Feier wird es zum letzten Mal unser berühmtes Chili geben.

▼ *Gründung der Altroverrunde*
Archiv: Pfadfinderchronik

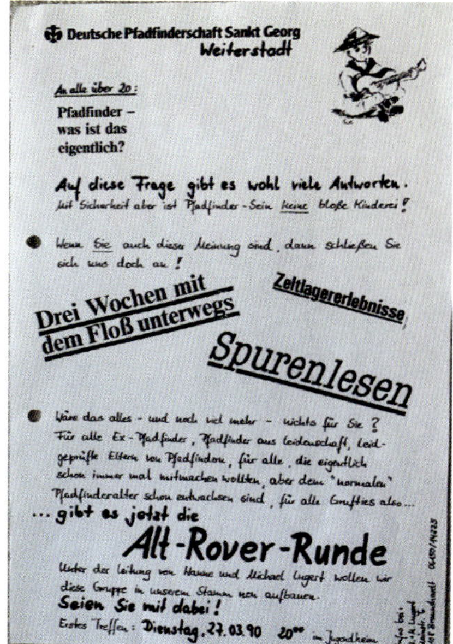

Deutsche Pfadfinderschaft Sankt Georg
Weiterstadt

An alle über 20:

Pfadfinder – was ist das eigentlich?

Auf diese Frage gibt es wohl viele Antworten.
Mit Sicherheit aber ist Pfadfinder-Sein keine bloße Kinderei!

- Wenn Sie auch dieser Meinung sind, dann schließen Sie sich uns doch an!

Drei Wochen mit dem Floß unterwegs

Zeltlagererlebnisse

Spurenlesen

- Wäre das alles – und noch viel mehr – nichts für Sie? Für alle Ex-Pfadfinder, Pfadfinder aus Leidenschaft, leidgeprüfte Eltern von Pfadfindern, für alle, die eigentlich schon immer mal mitmachen wollten, aber dem "normalen" Pfadfinderalter schon entwachsen sind, für alle Grufties also...

... gibt es jetzt die

Alt-Rover-Runde

Unter der Leitung von Hanne und Michael Lugert wollen wir diese Gruppe in unserem Stamm neu aufbauen.

Seien Sie mit dabei!

Erstes Treffen: **Dienstag, 27.03.90 20°°** im Jugendheim

Pfadfinder – ein anderer Weg

I. Das Gesicht in den Wind halten

- Spüren, woher der Wind weht,
- Zeichen der Zeit erkennen, unterscheiden können,
- wenn nötig, gegen den Strom schwimmen
- Kritik und Reflexion wollen,
- zu seinem Wort stehen,
- Neues erkunden, Mut zum «Anfangen« zur Initiative haben,
- merken, »was läuft«,
- durchhalten können,
- Masken ablegen
- Schwierigkeiten ertragen können.

II. Leben mit leichtem Gepäck

- einfach und sachgerecht leben,
- Pilger sein,
- leben unter freiem Himmel,
- mit Provisorien leben können, beweglich sein
- alternative Lebensformen entwickeln,
- vom Druck befreien
- wissen, was notwendig ist,
- auswählen können,
- nicht hab-selig sein,
- den Ortswechsel lieben

III Auf die Tiefe des eigenen Profils achten

- sich selbst zum Ausdruck bringen,
- Spuren hinterlassen,
- Ecken und Kanten haben,
- einen eigenen Stil entwickeln, «Kultur» haben
- unverwechselbar sein
- öfters das Profil überprüfen, denn ohne Profil: Schleudergefahr
- sich nicht am Mittelmaß orientieren,
- wissen was man will

Einmal Pfadfinder, immer Pfadfinder?

Pfadfinder sein – ein anderer Weg

▲ *Carolin Wehrle im Eltern-Kind-Lager Hauenstein, 2009*

Carolin Wehrle im Eltern-Kind-Lager, 2011

Carolin Wehrle im Eltern-Kind-Lager Groß-Gerau, 2012
Claudia Wehrle (3x)

Carolin Wehrle bei der 50-Jahr-Feier, 2022
Pia Holzheuser

Was macht es nun aus, eine Pfadfinderin, ein Pfadfinder zu sein? Anfangs sind viele Kinder und Jugendliche von der Pfadfinderbewegung begeistert. Was sie in den Gruppenstunden, bei Aktionen und in den Zeltlagen erleben, ist oft so ganz anders als das, was andere Jugendgruppen zu bieten haben. „Um die Freizeitaktivitäten habe ich die Pfadfinder beneidet", erinnert sich Adrian Selinger und denkt dabei ans Feuer machen, Zelten, Wandern, Helfen und in der Natur „überleben". Doch sich den Pfadfindern anschließen? Adrian war skeptisch. „Rituale wie Pfadfindergruß, Pfadfindergesetz, Pfadfinderversprechen oder diese feierlichen Aufnahmezeremonien haben mich abgeschreckt", sagt er. „Ich konnte damit wenig anfangen." Das war in den 1970er/1980er Jahren.

Andere Kinder und Jugendliche sind zunächst mit großer Euphorie dabei, verlieren aber bald das Interesse an den Gruppenstunden und wollen nach einiger Zeit auch bei den Zeltlagern nicht mehr mitfahren. „Wir haben zwar bei den Wölflingen eine so lange Warteliste, dass wir eine dritte Gruppe aufmachen könnten, aber schon bei den Jufis fängt es an, dass einige nur noch selten bzw. gar nicht mehr in die Gruppenstunde kommen. Bei den Pfadis nimmt diese Entwicklung noch zu und zu Veranstaltungen außerhalb der Gruppenstunden (zum Beispiel Gottesdiensten) erscheint kaum noch einer. In Rovergruppen schließlich sitzen meistens vier bis fünf frustrierte und deswegen demotivierter ‚Harteier' in einer Ecke, bis sie beschließen, doch wieder in die Kneipe ‚Darmstädter Hof' zu gehen", steht in der Stammeszeitung „St. Schorsch" in der Aprilausgabe von 1994. Solche Erfahrungen sind kein Einzelfall.

Woran liegt es, dass das Pfadfinder-Sein mit zunehmendem Alter an Attraktivität verliert? „Ich war selbst als Pfadi kurz davor, das Handtuch zu werfen und mir einen anderen Verein zu suchen", heißt es in dem Artikel weiter. „Dass ich gehen wollte, lag einerseits an den Kommentaren meiner Freunde die, sobald ich sagte, dass ich bei den Pfadfindern sei, meistens nicht besonders positive Kommentare abgaben. Das reichte von ‚ach wie süß' über ‚wie langweilig' bis ‚was'n Scheiß'. Mit 12 bis 15 Jahren ist man doch recht abhängig von der Meinung seiner Freunde. Andererseits lag es natürlich an unserer Gruppe selbst. Wir waren ein ziemlich lustloser Haufen, von dem die Hälfte sehr sporadisch kam und der Rest nichts auf die Beine brachte. Zwar haben wir in den Gruppenstunden oft über dieses Thema geredet, aber weder diese Diskussionen noch die Motivationsversuche unserer Leiter hatten Erfolg. Ich bin sicher, dass nicht nur unsere damalige Pfadigruppe von diesem Problem betroffen ist bzw. war. Liegt das daran, dass Dinge, mit denen sich Pfadfinder beschäftigen, mit Disco, Fernsehen und anderen Dingen nicht mehr mithalten können? Sind die Pfadfinder überholt und nicht mehr aktuell? Kann man die Interessen der einzelnen Gruppenmitglieder nicht unter einen Hut bringen? Ist man Pfadfinder, wenn man ‚mal eben Bock hat' oder gehört mehr dazu?"

Michael Lugert muss nicht lange überlegen. „Die Pfadfinder haben mein Leben geprägt“, sagt er. „Ich war von der Bewegung fasziniert und hatte schon früh das Bedürfnis, viel von dem, was ich als Jugendlicher erfahren durfte und als Bereicherung empfand, an andere weiterzugeben und dafür auch Verantwortung zu übernehmen. Mit 21 Jahren wurde ich Stammesvorsitzender. Den vielfältigen Aufgaben gerecht zu werden war gar nicht so einfach. ‚Look at the boy‘ hat Robert Baden-Powell immer wieder gesagt. Er hatte zunächst nur Jungen im Blick, musste aber schon bald erfahren, dass auch Girls von seinen Ideen begeistert waren. Daran hat sich bis heute nichts geändert. Für mich als Gruppenleiter bedeutete das, die Talente und Fähigkeiten eines jeden einzelnen Gruppenmitglieds zu entdecken und zu fördern. Ich wollte mir Zeit nehmen für jedes Kind, jeden Jugendlichen. Das bedeutete aber auch, dass ich selbst mit den unterschiedlichen Charakteren und Persönlichkeiten zurechtkommen und mich darauf einstellen musste! Nicht zu vergessen, die Jungs und Mädels wollten sich ausprobieren, Grenzen austesten. Ich musste lernen, sie zu motivieren. Dabei war mir völlig klar, dass ich kein Druckmittel in der Hand hatte, sondern mit dem, was ich tat und wie ich es tat überzeugen musste. Es galt, den richtigen Pfad, den richtigen Ton zu finden.“

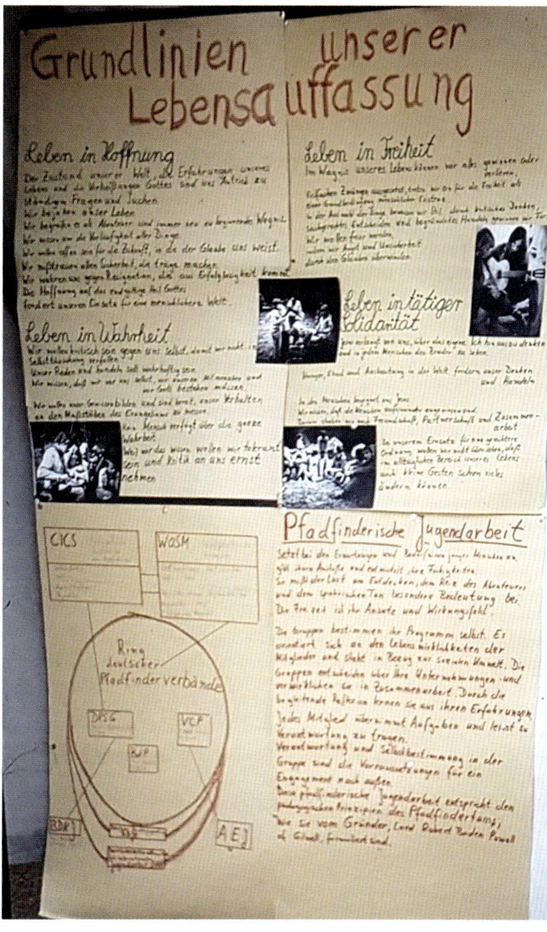

▲ *Pfadfinder sein – ein anderer Weg*

Archiv: Pfadfinderchronik

Verantwortung übernehmen, Verantwortung tragen

Wie kann es gelingen, Verantwortung für sich selbst und für andere zu übernehmen und diese Verantwortung auf längere Sicht hin auch zu tragen? In der Leiterrunde wurde viel darüber diskutiert. Theresa Backes, Maria Caspari, Lucas Coleman, Cornelius Englert, Laurenz Englert, Nico Göcke, Klara Holzheuser, Pia Holzheuser, David Meyer, Kristina Neff, Jannis Schünemann, Johannes Stinhöfer und Klaus Wehrle haben ihre Gedanken dazu aufgeschrieben:

„Persönlich ist es eine große Bereicherung ein Teil der Leiterrunde zu sein. Obwohl wir manchmal sehr chaotisch sind, kann ich immer auf die Unterstützung meiner Mitleiter vertrauen. Ich kann mir sicher sein, dass immer jemand für mich da ist. Es ist mehr als nur eine Leiterrunde, es ist eine Freundesgruppe, mit der man wächst und viel erlebt. Auch gemeinsame Wochenenden und Aktionen schweißen zusammen. Die Zusammenarbeit ist natürlich nicht immer leicht und vor allem Kompromisse eingehen ist schwierig, aber es ist eine Übung und Herausforderung, die vor allem uns jungen Leitern auch später sehr weiterhelfen kann."

„Wir sind oft nicht einer Meinung und das wird auch gezeigt, aber trotzdem kommen wir alle nach all den Jahren Woche für Woche zusammen und freuen uns, miteinander Dinge zu erleben und zu lernen. Jeder hat seine Stärken und Schwächen, und gemeinsam haben wir bis jetzt eigentlich immer alles geschafft."

„In der Leiterrunde zu sein, bedeutet für mich mit Freunden zusammen Kindern zu zeigen, was das Pfadfinder-Sein bedeutet. Die Leiterrunde gibt Rückhalt und unterstützt mich in der Ideenfindung sowie in der Durchsetzung. Durch die Diskussionen lerne ich neue Sichtweisen auf bestimmte Themen. Für mich ist die Leiterrunde ein wichtiger Teil meiner Freundesgruppe. Sie hilft mir auch, mich persönlich weiterzuentwickeln."

„Für mich bedeutet es, in einem Team etwas für unsere Gruppenkinder und die Gemeinschaft zu tun, sich gegenseitig zu unterstützen und an Herausforderungen zu wachsen. Ich habe viel darüber gelernt, was ich kann und wie viel mehr man kann, wenn man um Hilfe bittet."

„Wir sind oft nicht einer Meinung und das wird auch gezeigt, aber trotzdem kommen wir alle nach all den Jahren Woche für Woche zusammen und freuen uns, miteinander Dinge zu erleben und zu lernen. Jeder hat seine Stärken und Schwächen, und gemeinsam haben wir bis jetzt eigentlich immer alles geschafft."

„Natürlich ist es für Leute, die keine pädagogische Ausbildung haben, nicht immer so einfach, den Umgang mit den Kindern perfekt zu gestalten, aber dadurch, dass wir uns ständig austauschen, schaffen wir es, unseren Leitungsstil anzupassen. Vieles wird auch von Leitergeneration zu Leitergeneration weitergetragen, manches natürlich auch aussortiert, aber durch die langjährige Erfahrung, die einige in der Leiterrunde mitbringen, weiß man immer, dass man Unterstützung hat, wenn man nicht weiterweiß. Wichtig bei der Arbeit mit den Kindern ist vor allem das Programm, das wir anbieten. Hierbei plant die Leiterrunde gemeinsam und gibt Feedback, was bei einer ständigen Verbesserung hilft."

„Gerade am Anfang, als ich noch nicht wusste, was mich erwartet, wurde mir hier sehr geholfen und gezeigt, wie man am besten auf Kinder zugeht. Auch nach zwei Jahren lerne ich immer noch von meinen Mitleitern. Sie geben einem eine andere Sicht auf das Leiten an sich, da jeder einen bisschen anderen Leitungsstil hat und verschiedene Sachen unterschiedlich angeht. Das Planen und Umsetzen von Aktionen und Projekten ist allein meist nicht durchführbar. Hier wird man von der Leiterrunde unterstützt damit man seine Ideen verwirklichen kann."

„Definitiv kommt es oft vor, dass ich nicht weiterweiß oder mir unsicher bin. In solchen Momentan bekomme ich Unterstützung. Ob mir jemand einen Rat gibt, mit mir zusammenarbeitet oder mich aufmuntert, egal, helfen tun die Leiter immer!"

„Da wir jede Altersgruppe, von Bibern bis zu Rovern, nicht allein leiten, sondern mindestens in Zweier-Teams, gibt es immer mindestens eine Person, die eingreifen kann, wenn es einem selbst mal zu viel wird und auch Rückmeldung gibt, wie man sich in manchen Situationen verhalten hat. So habe ich von meinen Mitleitern schon öfters Verbesserungsvorschläge bekommen, wie ich eventuell in Zukunft mit manchen Situationen umgehen sollte und denke, dass mir diese Verbesserungsvorschläge auch in Zukunft, ob im Beruf oder in anderer Gesellschaft, sehr viel weiterhelfen werden."

„Mein Studium hat an sich kaum etwas mit der Arbeit mit Kindern zu tun. Es ist aber eine willkommene Abwechslung freitagabends oder auf dem Lager etwas anderes zu tun, als das, was man eh schon die ganze Zeit über macht. Die Arbeit mit der Leiterrunde wird jobtechnisch gesehen hingegen hilfreich sein, da man sich hier mit verschiedenen Meinungen auseinandersetzten muss und gemeinsam eine Lösung findet."

„Ich glaube, das Zwischenmenschliche, was man aus der Arbeit mit Kindern und der Leiterrunde mitnimmt, hilft einem ungemein. Auch ein gewisses Selbstvertrauen und Freude an Engagement habe ich dadurch bekommen. Die Leiterrunde gibt einem das Vertrauen zu schaffen, was man sich vornimmt, obwohl alle in der Runde ihre ganz eigenen Ziele haben. Das macht sogar schwierige Situationen im Studium leichter!"

„Definitiv kommt es oft vor, dass ich nicht weiterweiß oder mir unsicher bin. In solchen Momentan bekomme ich Unterstützung. Ob mir jemand einen Rat gibt, mit mir zusammenarbeitet oder mich aufmuntert, egal, helfen tun die Leiter immer!"

„Ich studiere Lehramt. Ich denke, dass es nur wenige Berufe gibt, in denen man die Fähigkeiten, die man in der Arbeit mit Kindern und Jugendlichen erlangt, so gut nutzen kann und im gewissen Sinne sogar braucht. Die Grundsätze ‚Learning by doing' und ‚Look at the child', welche in der Pfadfinderbewegung einen sehr hohen Stellenwert haben, werden mir auch in meinem späteren Beruf immer in Gedanken bleiben und mich persönlich hoffentlich zu einem Lehrer machen, der die Kinder beziehungsweise Jugendlichen begeistern kann."

„Ich denke, die Arbeit mit so vielen verschiedenen Kindern hilft mir auf jeden Fall, mich persönlich zu entwickeln und auch in gewisser Weise erwachsen zu werden. Das ist für mein Studium und meine spätere Arbeit insofern natürlich unglaublich wichtig, auch wenn das Studium selbst weit entfernt von Pädagogik und der Arbeit mit Kindern ist."

„Wie wichtig mir die Leiterrunde persönlich ist? Ein großer Teil meines Freundeskreises besteht aus dieser Leiterrunde! Hier kann ich mich auf alle verlassen und egal wie schlecht mein Tag war, diese komische Gruppe bringt mich irgendwie immer zum Lachen."

„Aus der Gruppe bekommt man so viel Liebe und Freude. Ich kann jedes Treffen und jede Aktion immer kaum erwarten!"

„Was ich mir wünsche? Dass wir uns niemals verlieren, auch wenn wir eines Tages zu alt für die Pfadfinder sein werden."

„So erinnere ich mich an Momente am Lagerfeuer, an denen ich den Tränen nah war, an Momente auf einem Hajk, an denen ich wirklich bis an die Grenzen gegangen bin und von den anderen motiviert wurde weiterzugehen und an Momente, an denen ich mich vor Lachen kaum eingekriegt habe. Ich bin dankbar, dass ich Teil einer solch unterstützenden Leiterrunde sein darf, ein Privileg, welches glaube ich nicht jeder Leiterrunde gewährt wird."

„Mit der Leiterrunde habe ich schon unglaublich viel erlebt und auch unabhängig von den Pfadfindern so ziemlich alles gemacht: Wir haben Geburtstage, Weihnachten, Silvester und vieles mehr gemeinsam gefeiert und sind so weiter zusammengewachsen. Besonders in der Coronazeit waren viele aus der Leiterrunde für mich unglaublich wichtiger sozialer Kontakt, den ich sehr vermisst hätte."

„Was ich mir wünsche? Dass wir uns niemals verlieren, auch wenn wir eines Tages zu alt für die Pfadfinder sein werden."

„Ich wünsche mir, dass wir auch weiterhin nicht nur gemeinsam Gruppen leiten und Lager planen, sondern gute Freunde bleiben und in manchen Situationen einfach weniger gegeneinander arbeiten. Wir machen das Ganze hier ehrenamtlich und deshalb sollten wir auch die Arbeit, die andere in ihrer Freizeit investieren, besonders wertschätzen, auch wenn nicht immer alles den eigenen Vorstellungen entspricht."

„Manchmal wünsche ich mir mehr Mut, neue Dinge auszuprobieren."

Was es für mich bedeutet, Pfadfinder zu sein

Meine Mutter hatte mich damals bei den Pfadfindern angemeldet, weil sie von befreundeten Müttern davon gehört hatte und auch in meiner Grundschulklasse mehrere Kinder und Jugendliche bei den Pfadfindern waren. Die Pfadfinder haben für mich anfangs keine so große Rolle gespielt. Ich war halt freitags bei den Gruppenstunden dabei.

Als dann das Fußballtraining ebenfalls am Freitag stattfand, war ich nur noch selten da. Das änderte sich erst, als die Fußball-Mannschaft aufgelöst wurde. Ab dann wurden die Pfadfinder immer wichtiger für mich. Irgendwo habe ich mal den Satz gelesen „Pfadfinder sein ist kein Hobby, sondern eine Lebenseinstellung!" Dieser Satz hat mich nachhaltig geprägt. Mir geht es um die Erfahrungen und Erlebnisse, die ich bei den Pfadfindern gemacht habe und um Freundschaften, die sich bei den Pfadfindern entwickelt haben. Die Fortbildungen und Woodbadge-Kurse haben mich ebenfalls sehr geprägt, auch in beruflicher Hinsicht, denn in diesen Kursen wurden zum Teil Konflikte provoziert und thematisiert. Diese Erfahrungen konnte ich später auf meinen Arbeitsplatz übertragen, und dort Konflikte frühzeitig erkennen und beilegen. Freundschaften, die sich bei den Pfadfindern entwickelt haben, sind nach meiner persönlichen Erfahrung viel enger als zum Beispiel Freundschaften aus der Schule. Ich bemühe mich immer noch, die Versprechen, die ich bei den Pfadfindern gegenüber der Gruppe, der Gemeinschaft und Gott abgelegt habe, einzuhalten. Das sind die Wö-, Jufi-, Pfadi-, Rover- und Leiterversprechen. Ich lese auch immer mal wieder die entsprechenden Versprechens-Texte. Bis auf den Text des Wö-Versprechens (der ging im ersten Wölflingslager verloren) habe ich alle Texte aufgehoben und ich weiß auch noch, wo sie sind.

Andreas Köhler, aktiver Pfadfinder von 1992 bis 2018

Mein großer Bruder hatte in der Grundschule oder über die Kirche von den Pfadfindern gehört. Als er von seinem ersten Zeltlager nach Hause kam, war er total verdreckt. Alles war schmutzig, aber er hat deswegen keinen Ärger bekommen. Da wusste ich, da will ich auch mitmachen und bin als Wölfling eingestiegen. Als Kind war das Pfadfinder-Sein so eine Art „Ausgleich" für mich. Ich hatte dort einen ganz anderen Freundeskreis. Wir haben tolle Gruppenspiele gespielt, waren viel draußen und haben die Natur erkundet. Mit 12 Jahren bin ich mit meiner Familie ein paar Jahre im Ausland gewesen, in den USA. Dort bin ich zu den „Girl Scouts" gegangen, aber das war so anders als das, was ich von den Pfadfindern in Deutschland kannte. Mir hat das nicht gefallen. Erst da habe ich erst gemerkt, was für ein wichtiger Teil die Pfadfinder für mich geworden sind. Später dann, als Jugendliche beziehungsweise als junge Erwachsene, war es für mich nicht immer leicht. Einige meiner damaligen Klassenkameraden zogen mich mit den Klischees über Pfadfinder auf. Da wur-

„Mit 12 Jahren bin ich mit meiner Familie ein paar Jahre im Ausland gewesen, in den USA. Dort bin ich zu den „Girl Scouts" gegangen, aber das war so anders als das, was ich von den Pfadfindern in Deutschland kannte. Mir hat das nicht gefallen. Erst da habe ich erst gemerkt, was für ein wichtiger Teil die Pfadfinder für mich geworden sind."

de mir nochmals klar, dass das Pfadfinder-Sein nicht nur ein Hobby ist, sondern dass ich wirklich mit Herz dabei bin. Im Lauf der Jahre habe ich viele Ämter übernommen, war zunächst Stammesvorsitzende, dann auf Diözesanebene für die Jufi-Stufe zuständig und Referentin in der Diözesanleitung. Ich habe auch Leiter mit ausgebildet und schließlich zwei Woodbadge-Kurse geleitet. Nach einer Pause bin ich nun als erwachsene Frau und Mutter wieder als Leiterin eingestiegen. Seit 2020 bin ich Biberleiterin, einfach weil es mir unheimlich Spaß macht. Wie mich die Pfadfinder geprägt haben? Meine Pfadfinder-Erfahrungen haben mich auf sehr vielen Ebenen im Leben weitergebracht. Sie haben mir geholfen, mich selbst besser reflektieren zu können, auf andere einzugehen, meine Grenzen kennenzulernen und auch schwierige Situationen zu meistern. Ich kann organisieren, delegieren aber auch (und vor allem) mit anderen zusammenarbeiten. Klar war nicht immer alles perfekt, aber durch die Pfadfinder gab es für vieles einen „Rahmen". Ich konnte Neues ausprobieren. Das hätte mir sonst sehr gefehlt. Auch im Kleinen, bei der Arbeit oder zu Hause legt man das nicht ab. Ich arbeite beispielsweise lieber in Gruppen als allein, freue mich auf Zelturlaube mit Lagerfeuer, nutze mein Spiele-Repertoire auf Kindergeburtstagen, bin viel draußen in der Natur und ziehe auf Festen meine Pfadfinderkluft an. Ich glaube, die Werte, die ich in den vielen Jahren mitgenommen habe, sind ganz tief in mir verwurzelt. Die Pfadfinder sind für mich eine Stütze, auf die ich mich verlassen kann. Auch die Freundschaften, die ich bei den Pfadfindern geschlossen habe, sind mir wichtig. Das sind schon sehr besondere Beziehungen! Nicht zuletzt habe ich dort meinen Ehemann kennengelernt. Deshalb kann ich stolz sagen: Ich bin immer ein Pfadfinder und werde es auch immer bleiben!

„Ich glaube, die Werte, die ich in den vielen Jahren mitgenommen habe, sind ganz tief in mir verwurzelt. Die Pfadfinder sind für mich eine Stütze, auf die ich mich verlassen kann. Auch die Freundschaften, die ich bei den Pfadfindern geschlossen habe, sind mir wichtig. Das sind schon sehr besondere Beziehungen!"

Bettina Sommer, aktive Pfadfinderin von 1990 bis 2011 und ab 2020

„Pfadfinder sein" bedeutet „Auf-dem-Weg-sein", „Suchen" und oft auch „Finden". Mein Leben ist bereichert durch meine vielen Erfahrungen und Begegnungen, Fähigkeiten und Hoffnungen. Ich bin Pfarrer Hans-Josef Klein überaus dankbar, dass er mich zu den Pfadfindern gebracht hat. Wenn ich mich in einer neuen „Runde" irgendwo vorstelle, dann sage ich immer: „In erster Linie bin ich Pfadfinder" und bringe einen Kompass mit. Auf dem Weg zu den Menschen, zu mir selbst und zu Gott bin ich, sind wir auf dem Weg.

Sabine Schneeberger, aktive Pfadfinderin ab den 1970er Jahren bis 2020

Ich bin als Jufi eingestiegen, eine geniale Stufe. Meine Leiter Micky, Martin, Armin – Klasse! Die wissen, wie's geht (dachte ich damals). Heute weiß ich, auch das war nur „Learning by doing". Aber das tut's! Dann bin ich über „Stufenhopping" (jedes Jahr eine neue Stufe) „hochgeklettert". Eine wirklich schöne Zeit. Schon damals war mir klar, wie unglaublich wichtig mir meine pfadfinderische Identität als Schülerin einer Mädchenschule war. Die Roverzeit ist für mich „Die Unvollendete". Frei nach dem Motto „der Weg ist das Ziel" haben wir damals viel angefangen und wenig zu Ende gebracht, inklusive der Roverrunde selbst. Irgendwann bröckelte sie einfach auseinander. Das Mischpult, das wir bauen wollten, wurde nie fertig. Immerhin – das war die einzige Zeit in meinem Leben, in der ich (mit Hingabe) Widerstände auf Platinen gelötet habe! Und später? Ich bin dabeigeblieben. Mein erstes eigenverantwortliches Lager, mit Hasi an der Seite (Zeltplatz Sauloch bei Coburg) – ich hatte mächtig Respekt. Aber trotz einiger Widrigkeiten haben wir das gut hingekriegt. Ich habe gemerkt: Das macht Spaß! Das fordert mich, und das fördert mich auch. Ich war für dieses Lager Reiseveranstalterin, Konfliktmanagerin, Sanitäterin, Fahrerin, klar, auch als Köchin, und wir haben mit den Kindern gemeinsam (partizipativ, ohne dass es damals so genannt wurde) ein tolles Programm auf die Beine gestellt. Die nächsten Schritte waren irgendwie alle folgerichtig. Als Micky nach langen Jahren sein Vorstandsamt abgab, wurde ich zur Stammesleiterin gewählt. Wieder nach dem Prinzip „Learning by doing" wurschtelte ich mich in die Arbeit rein. Der Horizont erweiterte sich. Das Treffen der Stammesvorstände im Bezirk gab neue Impulse, kollegialen Austausch und Freundschaften zu immer mehr „pfadfinderverrückten" Menschen. In meinem Studium habe ich viel von meiner Pfadfindererfahrung mitnehmen können, so wie ich auch vieles aus dem Studium bei den Pfadfindern nutzen konnte. Lange Jahre war ich, durch diese Arbeit motiviert, Dekanatsjugendreferentin. Auch privat ging nichts ohne die Pfadfinder. Ich habe dort meinen Mann Stefan kennengelernt, wir haben eine tolle Pfadfinderhochzeit gefeiert, haben drei Kinder bekommen, die schon als Babys zelten mussten (im Familienzelt, das von den anderen Leitern damals sehr belächelt wurde, die heute aber selbst die Vorzüge eines solchen Zeltes schätzen!). Für mich war es immer schon sehr befriedigend zu sehen, was aus meinen kleinen Gruppenkindern später wurde und wie sie heute als „gestandene" Frauen und selbst Verantwortung in Kirche und Gesellschaft übernehmen. Noch einmal mehr bin ich stolz darauf, dass auch unsere Kinder vor der Übernahme von der Verantwortung einer Leitungstätigkeit nicht zurückschrecken. „Einmal Pfadfinder – immer Pfadfinder!" Wenn es dich erwischt hat, lässt es dich nicht mehr los. Ich bin allen sehr dankbar, die diesen Weg für mich

„Mein erstes eigenverantwortliches Lager, mit Hasi an der Seite (Zeltplatz Sauloch bei Coburg) – ich hatte mächtig Respekt. Aber trotz einiger Widrigkeiten haben wir das gut hingekriegt. Ich habe gemerkt: Das macht Spaß! Das fordert mich, und das fördert mich auch."

vorbereitet und begleitet haben, durch die Idee und Verbreitung der weltweiten Bewegung an sich, aber besonders auch durch die Stammesgründung hier bei uns, die Gruppenleitertätigkeit, die mir als Kind zu Teil wurde, meinen Eltern, die mich immer sehr unterstützt haben, auch wenn sie die Pfadfinderei so gar nicht kannten, und allen, die an mich geglaubt und mir vertraut haben, dass ich diese Arbeit schon gut machen werden. Denn daran konnte ich wirklich wachsen!

Benedikta Caspari, aktive Pfadfinderin von 1979 bis heute

Ich bin als Wölfling zu den Pfadfindern gekommen. Damals war ich sieben oder acht Jahre alt. Ganz allein und ohne jemanden zu kennen bin ich durch das Gemeindezentrum gelaufen. Es gab Schnupper-Gruppenstunden zum Thema „Orient", mit einem Kinoabend bei dem wir Aladin geschaut haben und verschiedenen Stationen um das Thema. Vor allem ging es darum, die Gruppe besser kennenzulernen. Relativ schnell gewöhnte ich mich an die anderen und knüpfte eine besonders wichtige Freundschaft. Da wir damals um die 40 Wölflinge waren, wurde die Gruppe geteilt und die kleinen Rivalitäten zwischen den „Orange Pirates" und „Flinken Agenten" begannen. Ich lernte wohl dort auch schon einen großen Teil meiner späteren Roverrunde kennen, die wie ein Stück „Familie" für mich geworden ist, aber das konnte ich zu dem Zeitpunkt noch nicht ahnen. Die Wölfings-Gruppenstunden waren laut und aktiv, lebendig, aber auch sehr lehrreich. Es war einfach anders als das alles, was ich sonst gemacht habe – brav in die Schule zu gehen, mit Schleich-Tieren zu spielen oder Geige zu üben. Als Wölfling auf Lager zu fahren, ist ein riesiges Abenteuer! Da kann alles Mögliche passieren! Die Sache, an die ich mich am liebsten erinnere, ist der Zusammenhalt auf dem Lager. Schon nach wenigen Tagen fühlt man sich wie in einer großen Familie. Mit einer „Mama", die auf alle aufpasst, vielen „Geschwistern", die man mal mehr und mal weniger leiden kann und auch natürlich auch mit vielen entfernten „Verwandten", die man noch nicht so gut kennt und auch großen Respekt vor ihnen hat. Die Pfadfinder haben in meiner Kindheit eine unglaublich prägende Rolle gespielt. Meine Eltern haben mir irgendwann erzählt, dass ich von Freitag zu Freitag gelebt habe. Natürlich gab es schwierige Phasen. Sich durchzusetzen und Gehör zu finden im Jufi-Alter ist nicht einfach und auch ermüdend. Aber ganz wichtig war und ist bis heute vor allem – durchhalten! Das ist auf jeden Fall eine Sache, die mir das Pfadfinder-Sein beigebracht hat. Durchhalten, weitermachen und nicht entmutigen lassen! Doch es ist noch mehr. Da sind die engen Freundschaften, die im

„Als Wölfling auf Lager zu fahren, ist ein riesiges Abenteuer! Da kann alles Mögliche passieren! Die Sache, an die ich mich am liebsten erinnere, ist der Zusammenhalt auf dem Lager. Schon nach wenigen Tagen fühlt man sich wie in einer großen Familie."

Lauf der Jahre entstanden sind! Meine Roverrunde kam beispielsweise als „Fan-Club“ zu meinem Abschlusskonzert in der Schule. In besonders schwierigen Zeiten würde mir zuerst diese Gruppe einfallen, zu der ich hinwollen würde. Aber das muss natürlich auch auf Gegenseitigkeit beruhen, deshalb versuche ich meinen Mitleitern und meiner Gruppe so viel Arbeit abzunehmen, wie es geht und für sie da zu sein.

Klara Holzheuser, aktive Pfadfinderin von 2011 bis heute

Stefan Schank und Thomas Störmer kamen damals mit Kluft in die Grundschulklassen und da ich direkt gegenüber von der Kirche gewohnt habe, bin ich halt mal zu den Gruppenstunden hingegangen. Welche Rolle die Pfadfinder in meiner Jugend gespielt haben? Ich denke eine sehr große Rolle. Immerhin habe ich hier alle meine Ferien verbracht und neben Freunden auch mich selbst gefunden. „Versucht die Welt ein bisschen besser zu hinterlassen, als ihr sie vorgefunden habt“, diesen Leitspruch von Robert Baden-Powell versuche ich in mein Leben zu integrieren. Ich denke, auch gutes Zeitmanagement und meine Organisiertheit habe ich bei den Pfadfindern lernen müssen. Und heute? Ich bin noch aktiver Pfadfinder, leite Gruppenstunden, bin bei den Zeltlagern dabei und in vielen verschiedenen Gremien tätig, die unser toller Verband bereithält.

„Welche Rolle die Pfadfinder in meiner Jugend gespielt haben? Ich denke eine sehr große Rolle. Immerhin habe ich hier alle meine Ferien verbracht und neben Freunden auch mich selbst gefunden.“

David Meyer, aktiver Pfadfinder von 2004 bis heute

Nach meiner Erstkommunion gab es die Wahl, sich bei den Messdienern oder bei den Pfadfindern zu Gruppenstunden zu treffen. Mein Bruder war schon Pfadfinder und meine Freundinnen gingen auch zu den Pfadfindern. Die Entscheidung war gefallen! Die Gemeinschaft, der Zusammenhalt und auch die bei den Pfadfindern vermittelten Werte haben mich sehr geprägt. Für mich selbst sind auch heute noch die Pfadfindergesetze sehr wichtig: „Als Pfadfinderin entwickle ich eine eigene Meinung und stehe für diese ein. Als Pfadfinderin gehe ich zuversichtlich und mit wachen Augen durch die Welt. Als Pfadfinderin sage ich, was ich denke und tue, was ich sage.“ In vielen kleinen Dingen merke ich, dass ich immer noch Pfadfinder bin. Ich gehe gerne zelten beziehungsweise campen, kenne Himmelsrichtungen und kann mich orientieren. Ich liebe Lagerfeuer und die Stimmung dort, selbst in meiner Arbeitshandtasche ist ein Taschenmesser (Opinel).

Carina Burlon-Köhler, aktive Pfadfinderin von 1993 bis 2018

Die Pfadfinder haben in meiner Jugend eine große Rolle gespielt. Ich durfte die Vielfalt von Menschen kennenlernen und musste erfahren, wie schwer es ist, allen gerecht zu werden, aber auch wie schön es ist, sich gemeinsam auszuheulen und anderen wieder verzeihen zu können. Ich habe gelernt, in wie vielen Facetten Mobbing auftreten kann und dass man sich als Einzelne dagegen entscheiden kann, wenn es gegen die eigenen Richtlinien geht. Auch wie ein Stein im Bach dem Strom zu widerstehen und selbst zu denken, habe ich bei den Pfadfindern ausbauen können. Bis zum Ende habe ich mich geweigert, eine vereinheitlichende Kluft zu tragen. Dieses Standing kostet Kraft, aber es lohnt sich für das spätere Leben! Meine große Freude an Großgruppenspielen im Wald (Bändchenspiel, Major Tom und vieles mehr) wurde bei den Pfadfinder gelegt. Sie hält bis heute an. Es gibt nichts Schöneres für mich, als mit spannenden Menschen Abenteuer im Wald zu erleben, rund ums Feuer zu sitzen und zu singen.

Birgit Becker, aktive Pfadfinderin von 1982 bis 1994

Mein Bruder war schon vor mir bei den Pfadfindern. Im Sommer sollte er zwei Wochen auf Zeltlager fahren, und da ich nicht allein zuhause bleiben wollte beziehungsweise zu Hause bleiben sollte, bin ich mitgefahren. Das Lager hat mich so sehr begeistert, dass ich bis heute geblieben bin. Als Gruppenmitglied waren die Freitagabende immer was, worauf ich mich die ganze Woche lang gefreut habe. Dort hatte ich Freunde, die ich nur dort gesehen habe und nicht in der Schule. Wir haben zusammen Aktionen geplant und vieles unternommen, wie zum Beispiel unser Stufenlager in Irland. Ob mich die Pfadfinder für mein weiteres Leben geprägt haben? Ich wollte mich schon immer ehrenamtlich engagieren, aber ich hätte früher nicht gedacht, dass ich mich das tatsächlich traue. Durch meine Erfahrungen bei den Pfadfindern bin ich viel mutiger, selbstbewusster und engagierter geworden. Ich habe außerdem erfahren dürfen, wie viel Spaß es mir macht, mir Programm für meine Gruppenkinder auszudenken und das alles zu organisieren. Mir ist wichtig, dass auch sie diese Zeit niemals vergessen und viel Spaß haben. Ich bin heute Leiterin in unserem Stamm und Stammesvorstand. Ich versuche, alles, was mich am Pfadfindersein begeistert hat, an jüngere Mitglieder weiterzugeben und den Stamm und das Pfadfindersein am Leben zu erhalten.

> *„Als Gruppenmitglied waren die Freitagabende immer was, worauf ich mich die ganze Woche lang gefreut habe. Dort hatte ich Freunde, die ich nur dort gesehen habe und nicht in der Schule."*

Theresa Backes, aktive Pfadfinderin von 2013 bis heute

Meine Geschichte bei den Pfadfindern beginnt 2007. Die Erstkommunionfeier war vorbei, und ich freute mich riesig, denn jetzt war ich endlich alt genug, um zu den Pfadfindern und zu den Messdienern gehen zu können. Beide Gruppierungen kannte ich schon, denn ich war im Kindergarten der Pfarrgemeinde und hatte schon früh Kontakt zum Gemeindeleben. Zudem wusste ich aus den Erzählungen meiner Oma, dass mein Onkel früher auch bei den Pfadfindern war. Und das wollte ich auch! Wir waren damals sehr viele Wölflinge. Es gab zwei Gruppen mit jeweils zwei bis vier Leitern. An meine ersten Gruppenstunden kann ich mich zwar nicht mehr erinnern, aber ich weiß noch genau, sie wurden bald ein wichtiger Teil meiner Woche. Die meiste Zeit haben wir verschiedene Spiele gespielt. Ich mochte besonders die Spiele mit viel Bewegung und einem Ball, beispielsweise „Jeder gegen jeden" oder „Bienenkönigin". Als Jufi bin ich dann so „richtig" ins Pfadfinderleben eingestiegen. Gruppenstunden waren das eine, ich habe mich aber auch an anderen Aktionen bei Fronleichnamsfeiern oder bei Pfarrfesten beteiligt. Und nicht zu vergessen: Mein erstes Zeltlager! Das war Pfingsten in Westernohe. Warum ich als Wölfling nie auf ein Lager mitwollte, weiß ich ehrlich gesagt nicht. Im Nachhinein bereue ich es schon etwas, denn ich hätte diese Erfahrung gerne gemacht. Zeltlager gehören für mich zu den absoluten Highlights im Pfadfinderleben, und Pfingsten in Westernohe ist jedes Jahr etwas Besonderes, das ich seitdem auch nie ausgelassen habe. Aus unserer anfänglich großen Gruppe wurde mit der Zeit ein kleinerer, aber harter „Kern". Für unsere Roverleiter war es bestimmt zeitweise recht anstrengend, denn wir hatten hin und wieder ein paar „Motivationsprobleme". Aber ich habe die Zeit wirklich sehr genossen. Es ist eine angenehme Zwischenstufe: Man darf fast alles, aber hat noch keine Verantwortung. Die kam erst in meinen letzten beiden aktiven Jahren bei den Pfadfindern hinzu, als ich erst Wö- und später Jufileiterin wurde. Auch wenn nicht immer alles glatt lief, so konnte ich doch einiges aus dieser Zeit lernen. Zu Beginn meines Studiums bin ich in eine andere Stadt gezogen. Dennoch fühle ich mich dem Stamm bis heute noch sehr verbunden. Er ist so etwas wie ein „Anker" für mich. Ich mag die Menschen, die ich schon lange kenne und schätze. Es sind Freundschaften, die seit Jahren bestehen. Sie geben mir das Gefühl, „zu Hause" zu sein. Pfadfinder sein, ist für mich eine Lebensbereicherung. Ich lerne praktische Dinge (wie legt man nochmal einen Mastwurf?). Ich lerne auch viel über mich selbst, über das Miteinander und meine persönliche Verbindung zu Gott. Die Pfadfindergesetze sind dabei eine gute Hilfestellung für den eigenen Alltag, egal ob man Mitglied im Verband ist oder nicht. Meine „Karriere" als Messdiener ist nach einiger Zeit „im Sand verlaufen", aber Pfadfinder

„Zeltlager gehören für mich zu den absoluten Highlights im Pfadfinderleben, und Pfingsten in Westernohe ist jedes Jahr etwas Besonderes, das ich seitdem auch nie ausgelassen habe. Aus unserer anfänglich großen Gruppe wurde mit der Zeit ein kleinerer, aber harter ‚Kern'."

werde ich wohl immer bleiben, selbst wenn ich wie jetzt nur hin und wieder bei Treffen oder einzelnen Aktionen dabei sein kann. Pfadfinder sein, ist eine Lebenseinstellung, die mich stets begleitet. Und vielleicht gelingt es mir ja dadurch, die Welt ein bisschen besser zu verlassen, als ich sie vorgefunden habe.

Carolin Wehrle, aktive Pfadfinderin von 2007 bis heute

Gegenwart hat ohne Vergangenheit keine Zukunft

Pfadfinder sein bedeutet, „unterwegs sein", früh zu lernen, Verantwortung zu übernehmen – für sich selbst, für andere, für die Gesellschaft insgesamt. Die eigenen Fähigkeiten müssen sich entwickeln, die Persönlichkeit muss reifen. Miteinander, voneinander lernen, füreinander einstehen. Das schweißt zusammen. Schwierige Situationen aushalten, auch durchhalten zu können ist nicht immer leicht. Ängste, Zweifel, auch das Scheitern gehört dazu. Was Pfadfinder lernen? Führung, Teamarbeit und Selbstorganisation. Was sie erfahren? Gemeinschaft. Eigenes Tun zeigt Wirkung. Jeder kann im Rahmen seiner Möglichkeiten Menschen begeistern, Anstöße geben und Dinge ins Rollen bringen. Das Alter spielt dabei keine Rolle. Engagement ist wichtig. Das wiederum gibt Mut und Selbstvertrauen, das eigene Leben selbst in die Hand zu nehmen. „Paddle your own canoe", wie Robert Baden-Powell es formuliert hat.

▾ *Carolin trägt das Pfadfinderhemd von Onkel Armin*
Archiv: Pfadfinderchronik

„Für mich bedeutet es viel, Teil von etwas Großem zu sein, " schreibt ein Leiter. „Die Pfadfinder sind eine Bewegung, die 1907 von Baden-Powell auf einer kleinen Insel in England gegründet wurde. Sie entwickelte sich zu einer riesigen Bewegung, die weltweit 60 Millionen Mitglieder umfasst. Wir sind zwar nur ein kleines Leitungsteam, welches Kinder und Jugendliche in allen Altersstufen versucht zu begeistern und zu ermöglichen, sich selbst auszuprobieren, doch sind wir auch Teil einer großen Bewegung, die weltweit ebenfalls genau diese Begeisterung versucht zu vermitteln."

Dieses sich eingebunden wissen in einen größeren Zusammenhang wird für Carolin Wehrle in besonderer Weise spürbar. „Meine Kluft unterscheidet sich auf den ersten Blick nicht von der Kluft der meisten anderen Pfadfinder", sagt sie. „Bei genauerem Hinsehen fällt aber auf, dass die Farbe etwas verwaschener ist und gräulich aussieht. Die Ärmelsäume mussten bereits einmal umgenäht werden und mein Hemd hat Schulterklappen. Es ist ein älteres Modell, aber für mich hat es eine ganz besondere Bedeutung, denn es ist die Kluft von meinem Onkel Armin. Er ist in besonderer Weise dafür verantwortlich, dass ich zu den Pfadfindern gekommen bin. Meine Oma hat mir immer erzählt, dass er lange im Stamm aktiv war, zunächst als Gruppenkind, später als Leiter. Als ich als Jufi auf mein erstes Lager gefahren bin, stellte sich die Frage nach einer passenden Kluft für mich. Ich habe die abgelegte Kluft meines Onkels ausgegraben. Sie war mir zwar etwas zu groß, aber Armin war einverstanden, dass ich sie trage. Ich bin sehr stolz darauf. Ich führe eine Tradition fort und das gibt mir ein gutes Gefühl. Tatsächlich habe ich seitdem meine Kluft nie gegen ein neues Modell ausgetauscht. Sie passt mir immer noch. Sie ist mittlerweile fast 40 Jahre alt – ein Stück Vergangenheit mit Zukunft."

Pfadfinder sein, ist mehr als ein Abenteuer!
Es ist eine Lebenseinstellung.

Anhang

Chronik

Um es gleich vornweg zu sagen – diese Chronik der DPSG Weiterstadt ist nicht vollständig. Manche Jahre sind gut dokumentiert, für andere Zeiträume gibt es nur lückenhafte Aufzeichnungen. Vieles lässt sich nicht mehr rekonstruieren. Eine Chronistin oder einen Chronisten gab es nie im Stamm. Manche Fotos oder Dokumente können nicht abgedruckt werden, weil die technische Qualität zu schlecht ist oder weil die dazu notwendigen Einverständniserklärungen fehlen. Die Chronik vermittelt dennoch einen Ausschnitt von dem, was in den vergangenen 50 Jahren passiert ist.

Erste Treffen, erste Zeltlager

Die Anfänge in den 1970er Jahren

im April 1972	Ein erstes Treffen der Pfadfinder in Weiterstadt *„Es kamen sofort ca. 20 Jungen und Mädchen im Alter von 10–12 Jahren," erinnert sich Pfarrer Hans-Josef Klein*
1. Mai 1972	Gründung der DPSG Weiterstadt, Stamm St. Johannes der Täufer
28. – 29. Juni 1972	Erstes kurzes Zeltlager am Oberwaldhaus in Darmstadt *„Wir sind im Regen zu Fuß hin- und zurückgelaufen," schreibt Pfarrer Hans-Josef Klein in der Festschrift zum zehnjährigen Jubiläum*
im Lauf des Jahres	Sommerlager in Scharbach Aufenthalt in der Jugendherberge Otzberg
1973	Besichtigung des Frankfurter Flughafens Fußballspiel gegen die Pfadfinder Münster Sommerlager auf Concordia/Westerwald Bezirks- und Diözesanmeister im Wettbewerb „Rund ums Rad" Aufenthalt auf Burg Freusburg Teilnahme an Diözesanveranstaltung „Pfadfinder schaffen für Porto Novo"
1974	Flohmarkt mit evangelischen Konfirmanden Sommerlager auf Concordia Fahrt nach Portugal

1975	Aufenthalt der Jungpfadfinder auf Burg Freusburg und auf dem Donnersberg Freizeit der Wölflinge in Unter-Ostern Sommerlager im Brexbachtal bei Koblenz Teilnahme der Pfadfinder bei 750-Jahrfeier in Worfelden
1976	Fahrt nach Unter-Ostern Sommerlager Brexbachtal Stammesradtour zum Mönchsbruch Bäckerfest der Jungpfadfinder für Kinder und Eltern
1977	Festwoche zum 5-jährigen Bestehen der DPSG Weiterstadt Skandinavienfahrt Sommerlager im Brexbachtal bei Koblenz
12. – 15. Mai 1978	Diözesanlager der Jungpfadfinder in Maria Einsiedel / Gernsheim *Das Motto: „Mit Frohsinn, Laune und Interesse zur Vogelsberger Handwerksmesse". Das Lager sollte ursprünglich in Grebenhain stattfinden. Das Wasch- und Toilettenhaus wurde aber nicht mehr fertig.*
1979	Pfingstlager der Jungpfadfinder in Münster Sommerlager auf Concordia

Stammesradtouren, eine legendäre Floßfahrt und der erste eigene Pfadfinderbus

Es ist viel passiert in den 1980er Jahren

April 1980	Osteraktion *„Am Ostersonntag haben wir nach den Gottesdiensten bemalte Eier verschenkt. Nachmittags haben wir im Caritas-Heim St. Ludwig (Schloss Braunshardt) Ostersträuße an die Ordensschwestern und an die älteren Leute verschenkt. Wir glauben, vielen Leuten eine Freude gemacht zu haben und bedanken uns für ihre Mithilfe beim Sammeln und Ausblasen der Eier. Besonderen Dank auch an die Kinder, die diese Eier bemalt haben."* *(aus: DPSG-Information vom 29.5.1980)*

Mai 1980	Pfingstlager der Jungpfadfinder in Heigenbrücken
Ende Mai 1980	Erste-Hilfe-Kurs *„Ab dem 30.5. findet jeweils dreimal freitags von 18.30 Uhr bis 20.30 Uhr im Jugendheim ein Erste-Hilfe-Kurs statt. Er wird von einem Mitarbeiter der Malteser-Unfallhilfe durchgeführt. Es werden hauptsächlich Zeltlagerunfälle behandelt."*
21. – 22. Juni 1980	Stammesradtour nach Groß-Zimmern
27.–29. Juni 1980	Pfarrfest *„Am Abend des 27.6. eröffnen die Jungpfadfinder mit dem Johannisfeuer das Pfarrfest. Die Pfadfinder bereiten Tschai vor. Am Sonntag, den 29.6. ist von 14.30 bis 17.30 Uhr Kinderfest rund um die Pfarrkirche. Bei diesem Kinderfest bereiten die Pfadfinder Staffelspiele vor."*
Juli 1980	Sommerlager im Brexbachtal bei Koblenz Radtour der Pfadfinder nach Neckargemünd
10. April 1981	Jugendkreuzweg.
19. April 1981	Osteraktion *„Zum diesjährigen Osterfest wollen wir den älteren Mitchristen aus unserer Pfarrei eine Freude bereiten, indem wir ihnen eine kleine Pflanze mit einer Kerze schenken wollen. Die grünen Pflanzen sollen ein Zeichen der Hoffnung und unseres Lebens sein." (aus: Infoblatt der DPSG)*
2. – 3. Mai 1981	Waldsäuberungsaktion am Braunshardter Tännchen *„Pfadfinder aller Altersstufen nehmen an der Aktion teil. Die Gemeinde Weiterstadt stellt Container für den Müll zur Verfügung. Bitte alte Kleider anziehen und bitte auch, weil die Presse anwesend ist, die Kluft mitbringen. Das Mittagessen wird kostenlos gestellt." (aus: Infoblatt der DPSG)*
16. – 17. Mai 1981	Stammesradtour nach Münster
5. – 9. Juni 1981	Pfingsttour der Pfadfinder in die Nähe von Fulda, Pfingstlager der Jungpfadfinder in Schimborn
18. Juli – 1. August 1981	Sommerlager Riveris bei Trier *Das diesjährige Sommerlager verbringen die Wölflinge, Jungpfadfinder und Pfadfinder gemeinsam.*
11. November 1981	Martinsfest *„Die DPSG übernimmt Martinsfeuer, Glühwein und Ordnungsdienst. Die Minis übernehmen den Verkauf der Tombolalose und soweit nötig noch Ordnungsdienste. Frau Franke und der Frauenkreis sollen gebeten werden, Waffeln zu backen." (aus: Protokoll der Gruppenleiterrunde vom 14.10.1982)*

14. – 16. Mai 1982	10 Jahre DPSG Weiterstadt *Großes Fest. Am Freitag: Gemütliches Beisammensein mit Würstchen vom Grill und Tschai (das ist ein Tee mit speziellen Gewürzen). Samstagnachmittag: Dorfrallye, abends großes Fest. Es spielt „Charlie's Band" Eintritt 6,– DM. Am Sonntag Gottesdienst, anschließend Frühschoppen und Mittagessen. Es gibt Gulasch. Ab 15:00 Uhr großer Spielenachmittag. „Zum Abschluss wollen wir Luftballons steigen lassen."*
14. – 30. Juni 1982	Stammeslager auf dem Pfadfinderzeltplatz „Sauloch" bei Coburg
September 1982	Aus den Pfadfindergruppen *„Herr Pfarrer Wetzel erzählt, wie er sich Gruppenleiterarbeit besonders mit religiösen Elementen vorstellt: Die Gruppenleiter müssen erst einmal selbst feste Standpunkte haben und fest im Glauben sein, damit sie den Kindern überhaupt etwas weitergeben können." (aus: Protokoll der Stammesleiterrunde vom 14.9.1982)*
11. November 1982	Martinsumzug *Die Jufigruppe „Baumfalken" macht das Martinsfeuer. Die Pfadfinder kochen Glühwein und Tee.*

▾ *Chronik der DPSG Weiterstadt*

▾ *Festschrift zum 10jährigen Bestehen der DPSG Weiterstadt, 1982*

3. Dezember 1982	Kurateneinführung und Wölflingsversprechen *„Am 3.Dezember um 18:00 Uhr wird Pfarrer Wetzel in der Kirche als unser neuer Kurat eingeführt. Alle Pfadfinder sollen, wenn vorhanden, in Kluft erscheinen. Nach Vorschlag von Pfarrer Wetzel schnappt sich jeder einen Stuhl aus dem Jugendheim (sogenannter Stuhlgang). Wir setzen uns in einem Halbkreis um den Altar. Micky übernimmt als Stammesvorsitzender die Begrüßung. Danach erzählt der Pfarrer eine Geschichte und zeigt Dias. Bei allem soll das Pfadfindertum im Mittelpunkt stehen. Zum Abschluss macht ein Teil der Wölflinge ihr Versprechen. Zwischendurch sollen Lieder gesungen werden. Das Ganze soll etwa ½ Stunde dauern. Danach wird noch mit allen im Jugendheim mit Tee und Gebäck gefeiert. Besorgungen und Finanzen übernimmt der Pfarrer. Bevor wir jedoch unseren neuen Kuraten einführen, wollen wir unseren ehemaligen ausführen. Genaues ist nicht besprochen worden, nur dass wir dem Mire (Pfarrer Hans-Josef Klein) ein Geschenk machen wollen." (aus: Protokoll der Stammesleiterrunde vom 9.11.1982)*
30. April 1983	Tanz in den Mai *Die Pfadfinder gestalten den „Tanz in den Mai". Es spielt „Charlie's Band" aus Dieburg*
im Mai	Erste-Hilfe-Kurs der Jungpfadfinder *„Die Jungpfadfindergruppe von Thomas Brachtl und Armin Wehrle führten in den vergangenen drei Gruppenstunden einen Erste-Hilfe-Kurs durch. Schwerpunkt waren Erste Hilfe am Unfallort und Zeltlagerverletzungen. Der Lehrgang wurde von einem Mitarbeiter des Malteser-Hilfsdienst aus Darmstadt durchgeführt." (aus: DPSG-Info 1/83)*
2. Juni 1983	Aus den Gruppen *„Die Jufis kriegen den Pfadfinderbus Moby mit ins Zeltlager, weil sie wahrscheinlich die meisten werden und weil ihr Weg ins Dorf am längsten ist. Außerdem hat die Pfadigruppe eine gute Zugverbindung zu ihrem Zeltplatz und die Wös wollen den Bus nicht. Aufteilung der Zeltmaterialien: Wös: 2 Alex, Himmelszelt, mindestens 2 Planen, Flying Tend. Jufis: 4 Alex, 1 Kothe, blaues Küchenzelt, 40-Mann-Zelt, altes Sonnensegel. Pfadis: 3 Kothen, rotes Küchenzelt, Flying Tend. Küchenkram: Wös: 1 Dreifuß, 2 Zweiflammer, große Gasflasche. Jufis: 1 Dreifuß, 2 Zweiflammer, 1 große Gasflasche, 1 kleine Gasflasche. Pfadis: 1 Kocher (weil die Gruppen auf offenen Feuerstellen kochen). Dicke Seile, Kordel, Töpfe, Kannen, restliche Planen etc. werden aufgeteilt, wenn wir nachgesehen haben, was noch alles da ist und je nachdem, was die einzelnen Gruppen noch brauchen. Werkzeug: Wös: 1 Säge. Jufis: Werkzeugkasten, Pfadis: 2 Sägen, Beile. Die Gruppen suchen sich nach Bedarf noch Werkzeug aus der Kiste raus." (aus: Protokoll der Staleiru vom 2.6.1983)*

21. August 1983	Moby-Fest. 1. eigener VW-Bus („Moby Dick") *„Am Sonntag, 21. August, findet im und am Jugendheim ein Fest zur Einweihung unseres neuen VW-Busses statt. Der Bus wurde inzwischen im Roverlager beklebt und heißt nun offiziell Moby Dick. Wir laden alle Stammesmitglieder und Familien herzlich zu diesem Fest ein, Beginn 17.00 Uhr. Außerdem gibt es Würstchen vom Grill und Getränke. Gleichzeitig werden an diesem Nachmitttag die Dias und Bilder der Zeltlager vorgeführt. Wer eigene Fotos gemacht hat, soll sie doch bitte auch dazu mitbringen. Wir freuen uns über viele Gäste und Mitfeierer. Das Problem der Unterhaltung: Wie sicher nicht nur die Autofahrer unter Ihnen wissen, sind die Unterhaltungskosten bei einem Auto das größte Übel. Weil wir zum einen unsere Aktivitäten nicht nur für die Finanzierung des Busses verschwenden wollen und zum Zweiten versuchen, unsere Stammeskasse nicht übermäßig zu belasten, möchten wir sie bitten, eine sogenannte ‚Patenschaft' zu übernehmen. Wir haben uns gedacht, wenn jedes Elternpaar wenigstens zweieinhalb Schachteln Zigaretten (für Nichtraucher: Das sind ca. 10,– DM) pro Jahr opfern würde, hätten wir schon ein Großteil der laufenden Kosten (Steuern und Versicherung) abgedeckt. Erfahrungsgemäß beteiligen sich an so einer Aktion nur ein geringer Teil der Eltern. Wer es sich also finanziell erlauben kann, wird keinesfalls daran gehindert auch mehr zu spenden." (aus: DPSG-Info 2/83)*
Außerdem	Wölflingslager in Karben-Petterweil Jungpfadfinderlager auf Concodia bei Herdorf Pfadfinderlager im Brexbachtal Rover- und Leiterlager in Friesenhagen/Westerwald Stammesradtour nach Erfelden
Juni 1984	Jufipfingstlager in Griesheim
15. – 17. Juni 1984	Diözesan-Wölflingslager in Gernsheim
17. – 31. Juli 1984	Pfadfinderlager in Kandersteg/Schweiz
3. – 15. August 1985	Stammeslager in Ommen/Holland auf dem Pfadfinderzeltplatz Gillwell Ada's Hoeve
1. November 1985	Nachtwanderung der Jufis

16. Januar 1986	Aus den Gruppen *„Es sollen an alle Kinder kostenlos Pfadfinderausweise ausgeteilt werden. Sobald die Mitgliedskarten ausgefüllt zurückkommen, werden sie den Kindern gegeben. Hierfür soll noch ein Stempel gekauft werden." (aus: Protokoll der Stammesleiterrunde)*
24. Januar 1986	Elternabend
Außerdem	Wölflingsbezirkslager Gernsheim Sommerlager der Wölflinge in Riveris
21. – 27. Juli 1986	Sommerfreizeit der Jungpfadfinder. Radtour durch den Odenwald *Die Route geht von Weiterstadt über Seeheim, Jugenheim, Balkhausen, Reisen, Weinheim, Schriesheim, Heidelberg, Neckargemünd, Neckarsteinach, Hirschhorn, Rothenburg, Beerfelden, Erbach, Michelstadt, Lindenfels, Zwingenberg, Jugenheim, Seeheim, Eberstadt, Darmstadt, Weiterstadt. Insgesamt sind es rund 160 km.*
27. – 28. September 1986	Stammesradtour nach Erfelden am Altrhein
23. Juli – 1. August 1987	Stammeslager im Brexbachtal *„Das Brexbachtal ist ein herrliches Wiesental ca. 10 km nördlich von Koblenz. Der Lagerplatz liegt direkt am Bach. Es gibt Schutzhütten und sanitäre Einrichtungen."*
1988	Diözesan-Wölflingslager in Marburg Floßfahrt der Jungpfadfinder auf der Lahn Stammeslager in Krummenau
20. – 24. Mai 1988	Pfingstlager im Brexbachtal *„Wenn Mädchen einkaufen. Um Geld zu sparen, fuhren unsere Mädchen in den SELGROS. Das ist ein Großhandel, in dem vieles billiger zu haben ist. Sie hatten eine Liste, was wir alles brauchten. Sie kauften also ein: Eintopf, Ravioli etc. War ja auch gut. Sie hätten nur darauf achten sollen, was auf den Dosen stand: Für 17 (!) Personen. Wir waren fünf! Gereicht hat es im Lager dann auch, keiner musste hungern!" (aus: Lagerzeitung Alf „Null Problemo". ALF heißt: Alles lebt faul. Ja, das war wohl das Motto dieses Lagers. Alle waren faul, stinkfaul. ALF füllte unser Programm.)*
15. Oktober 1988	Nachtwanderung der Jungpfadfinder nach Arheilgen
18. Dezember 1988	Adventsbasar vor der Kirche
23. April 1989	Georgstag *Gemeinsamer Gottesdienst. Einige Mitglieder legen in der Messe ihr Pfadfinderversprechen ab.*

12. – 15. Mai 1989	Pfingstlager mit dem ganzen Stamm in Karben-Petterweil bei Bad Homburg im Pfadfinderzentrum Lilienwald
25. Mai 1989	Fronleichnam *Altar schmücken, dabei sein*
25. Juni 1989	Pfarrfest. Die Jungpfadfinder führen ein Theaterstück auf *„Der Goldene Brunnen". Ein russisches Märchen. Theaterstück von Otfried Preussler. Uraufführung anlässlich des Pfarrfestes der Gemeinde St. Johannes Weiterstadt am 25.6.1989 um 16:00 Uhr im Jugendheim. Das Stück hat ein Vorspiel und fünf Bilder. Zwischen den Bildern entstehen ganz kurze Pausen zum Umbauen. Das Stück dauert etwa eine Stunde. (aus: Einladung zur Theateraufführung)*
17. – 28. Juli 1989	Sommerlager in Coburg. Die Jufis und Pfadis sind zusammen auf dem Zeltplatz „Sauloch"

▾ *Lagerzeitung vom Sommerlager in Coburg, 1982*

▾ *Lagerzeitung vom Stammeslager in Ommen/Holland, 1985*

12. – 24. August 1989	Sommerlager der Rover in Kandersteg im Berner Oberland/Schweiz. *„Auf vielfachen Wunsch möchte ich noch eine kurze Zusammenfassung von unserem Zeltlager in Kandersteg vortragen, damit Sie einen noch besseren Einblick in das erlebnisreiche Roverleben erhalten. Meine Rover und ich sind eine perfekt eingespielte Gruppe, wo jeder sofort weiß, was der andere meint. Da sitzt jeder Handgriff, und so schwierige Sachen wie der Aufbau einer eigenen Zeltkonstruktion bei unserer Ankunft in Kandersteg bereitete keinerlei Schwierigkeiten und war in Windeseile vollbracht. Rover: ‚Das funktioniert doch nie! Was machst du denn da?' Der Tatendrang war immer so groß, dass meine Rover und ich schon immer vor Sonnenaufgang aus unseren Schlafsäcken sprangen um den jungen Morgen zu begrüßen. Rover: ‚Was, schon aufstehen?' ‚Äh! Nein, nimm die Wasserpistole weg! Es ist doch erst 11:00 Uhr!' Bei jeder Wanderung, die meine Rover und ich gemacht haben, konnten wir uns von der faszinierenden Natur überzeugen. Es wurde alles fachmännisch und fachfrauisch beobachtet und aus den neu gewonnenen Erkenntnissen wurden messerscharfe Schlussfolgerungen gezogen. Rover: ‚… ich sage nur: wilder Imker!' Die Schweiz ist ein wunderbares Land. Auf unseren Wanderungen konnten meine Rover und ich bei schönstem Wetter die herrliche Aussicht genießen und uns einen unvergesslichen Eindruck von der herrlichen Bergwelt machen. Rover: ‚Hey, Du da vorne, siehst Du, ob der Armin noch vor uns läuft?' – ‚Nee, ich weiß nicht einmal, wer vor mir läuft. Wer bist du eigentlich? Vor lauter Nebel sieht man ja gar nichts mehr.' Meine Rover und ich verzichteten nicht nur im Lager auf jegliche Errungenschaften der Zivilisation, sondern auch außerhalb, z.B. bei unserer Wanderung zur Fründenhütte, bei der uns ein Bergführer begleitete. Rover: ‚Kommt, wir marschieren los! Aber heute nehmen wir wieder die Seilbahn.'" (aus: Lagerbericht)*
29. September 1989	Elterntag DPSG *Gottesdienst. Abends Grillen im Pfarrgarten mit Diavorführung der Bilder von den diesjährigen Zeltlagern*
30. September – 1.Oktober 1989	Stammesradtour nach Königstetten bei Rüsselsheim *„Mitzunehmen sind Luftmatratze, Schlafzug, Waschzeug, Regencape … Das Gepäck wird mit dem VW-Bus transportiert."*
13. – 15.Oktober 1989	Werkstatt-Wochenende in Münster *Thema „Umwelt". Es werden verschiedene Arbeitsgruppen gebildet. Es geht um gesunde Ernährung, Müll, Wasser, Waldsterben, Müllentsorgung, Biotoppflege und Lebensraumveränderung.*

3. November 1989	Nachtwanderung um Weiterstadt herum *„Zieht Euch bitte warm an, in der Nacht ist es jetzt schon ganz schön kalt. Was Ihr sonst noch braucht, sind Isomatte oder Luftmatratze und Schlafsack. Bitte bringt noch Zeitungen, Zeitschriften o.ä. mit. Wir wollen eine Wandzeitung zusammenstellen. Am 5. 11. ist schon der Missiosonntag, an dem wir diese Wandzeitung ausstellen wollen." (aus: Einladung zur Nachtwanderung)*
5. November	Wandzeitung zum Missio-Sonntag
9. November 1989	Aus den Gruppen *„Das Moby-Problem: Der Bus ist bei den Fahrten zu den Gruppenstunden überlastet und fährt mit zu vielen Kindern. Es wurde daher beschlossen, die Eltern anzusprechen und um eine verstärkte Eigenleistung beim Transport der Kinder zu übernehmen. Gleichzeitig wurde die Aktion ‚Helft dem Moby' gestartet. Ein freiwilliger zusätzlicher Monatsbeitrag von DM 0,50 soll bei der Ansparung einer Rücklage für einen zusätzlichen Bus helfen."* *„Die Druckmaschine, obwohl mit Strom betrieben, soll nun doch gekauft werden. Es würde die Möglichkeit bestehen, eine Handkurbel daran anzubringen um die Maschine ‚zeltlagertauglich' zu machen."* *„Micky hat mittlerweile alle Vorstandsaufgaben an Bene abgegeben. Er ist nur noch für den Moby-Verleih zuständig und entsprechend anzusprechen." (aus: Protokoll der Staleiru vom 9.11.1989)*
11. November 1989	Sankt-Martinsfest in der Gemeinde *Die Pfadfinderstufe bereitet Getränke zu und verkauft , sie (Glühwein und Kakao). Die Jungpfadfinder zünden das Martinsfeuer an und überwachen es.*
11. Dezember 1989	Aus den Gruppen *„Altroverrunde. Einige Eltern und ehem. Pfadfinder wären interessiert, sich zu einer Altroverrunde zusammen zu tun. Eine solche Runde könnte der Unterstützung des Stammes dienen und so Eltern und Interessierte in die Pfadfinderarbeit einbinden. Micky wäre bereit zu einem ersten Treffen einzuladen. Er stellt jedoch den Antrag an die Staleiru, eine Lastenschrift mit unseren Erwartungen an eine solche Gruppe bis zur nächsten Staleiru zu erstellen." (aus: Protokoll der StaLeiRu vom 11.12.1989)*
17. Dezember 1989	Adventsbasar vor der Kirche
22. Dezember 1989	Weihnachtsfeier mit dem ganzen Stamm

Pfadfinder sein heißt, unterwegs sein

Begegnungen und Abenteuer in den 1990er Jahren

19. – 21. Januar 1990	Leiterwochenende in der Jugendherberge Zwingenberg *Thema: „Pfadfinden – Pfadfinder sein". Aus der Einladung: „Pfad-Finder: Ein anderer Weg: Keine Straße, kein Seitenweg, kein Kreuzweg, keine Parteilinie. Pfad-Finder: Ein Weg für junge Menschen, die nicht steckenbleiben wollen im Erreichten und die sich für mehr Freiheit, Menschlichkeit und Frieden engagieren. Ein Weg, der Hoffnung verbreitet. Pfadfindersein heißt nämlich: Unterwegs-Sein in Gebiete, die noch niemand kennt. Solche Pfade zu treten, das schließt ein: Sich neuen Erfahrungen zu öffnen, sich auf Abenteuer einzulassen, sich freizuhalten von den Zwängen immer wiederkehrender Abläufe. Und es schließt die Hoffnung darauf ein, dass die eigene Welt größer, weiter und bunter ist als jene meinen, für die die Welt hinter dem Horizont des eigenen Kirchturms aufhört. Die Deutsche Pfadfinderschaft Sankt Georg will mit ihren Mitgliedern einen solchen Weg gehen: Einen Weg des Exodus, des Aufbruchs, wie Abraham ihn ging, Moses mit dem Volk Israel, Jesus Christus und ihm folgend die christlichen Gemeinden. Im Anstoß Baden-Powells sieht sie eine besonders gute Methode, im Unterwegssein mit anderen, den aufrechten Gang zu lernen."*
26. Januar – 2. Februar 1990	Bäume fällen am Pfarrhaus („Allzeit bereit")
3. Februar 1990	Die Rover betreiben an Pfarrfasching eine Sektbar *Die Einnahmen sind zugunsten der Aktion „Helft dem Pfadfinderbus Moby"*
9. Februar 1990	Treffen von den Rovern mit der evangelischen Jugend *Es geht um das gegenseitige Kennenlernen und den Erfahrungsaustausch. Es ist ein geselliger Abend mit der Vereinbarung, demnächst mehr gemeinsam zu machen.*
18. März 1990	Großer Elternnachmittag im Jugendheim mit Theatervorführungen *Die Wölflinge führen „Das Dschungelbuch" auf, die Jungpfadfinder berichten vom Zeltlagerleben und die Pfadfinder zeigen Sketche. „Das Dschungelbuch sollte zum Elternnachmittag aufgeführt werden. Eine Hörspielkassette diente als Hintergrund. Die Kinder wollten pantomimisch dazu vorspielen. Die Rollenverteilung war recht schnell geschehen. Alle Hauptrollen wurden zweifach besetzt. Die Kinder machten sich Gedanken über Kostüme und Kulissen. Die größte Arbeit war das Proben der einzelnen Szenen.*

	Wer wo steht, welche Geste passt, wie man dem Körper mehr Ausdruck verleiht, den Rücken nie zum Publikum, nie zu früh reagieren, die Bühne nicht zu schnell verlassen, auf die Mitspieler achten – das waren Fragen und Diskussionspunkte. Die Aufregung, der Schweiß und die Mühen der Proben hatten sich gelohnt. Die Aufführung wurde, trotz der Aufregung der Kinder, ein voller Erfolg. Ein begeisternder Sebastian Kissel als Mogli, ein charmanter Stefan Schambach als Balu, ein bestechender Adi Müller als Baghira, eine geschmeidige Christiane Grumann als Kaa, verdeckter Tobias Kaiser und Björn Trieb als Shir Khan und die vielen anderen als Affen, Elefanten und Geier. Es war ein schöner Abschluss für sieben Wölflinge, die ab diesem Tag zu den Jufis gehören sollten.“ (Sabine Schneeberger, aus: Chronik)
25. März 1990	Dekanatsvolleyballturnier *Pfadfinder, Rover und Leiter nehmen am Turnier teil. Die Mannschaft St. Johannes erspielen den 6.Platz. „Abgeschlossen wurde der Tag, der wohl allen Spaß gemacht hat, mit einem gemeinsamen Jugendgottesdienst in St. Ludwig in Darmstadt. Am Ende fand die Siegerehrung statt und alle bekamen ihre Fressalienpäckchen.“ (aus: Chronik)*
27. März 1990	Erstes Treffen der Altrover
30. März 1990	Beteiligung der älteren Pfadfinder am Dekanats-Jugendkreuzweg
5. April 1990	Aus den Gruppen *„Die Franzosen haben unsere Einladung angenommen und werden uns vom 20.4.–24.4.90 besuchen. Gastgeschenke: Aufnäher, Anstecker, Plakat und Wimpel. Vorläufiges Programm: Freitag, 15.30 Uhr: Kaffeetrinken im Jugendheim. Ca. 17:00 Uhr in die Familien. 20:00 Uhr: Treff im Jugendheim. Samstag, 9:30 Uhr nach Darmstadt fahren, entweder Einkaufen oder Sightseeing, Nachmittag: Felsenmeer, Frankenstein“ „Bericht aus der Altroverrunde: Es waren etwa 15 Leute beim ersten Treffen und die Gruppe hatte jede Menge Ideen. Die Gruppe trifft sich einmal im Monat.“ (aus: Protokoll der Staleiru vom 5.4.1990)*

Sommerlager in Euskirchen, 1990
Kathrin Caspari

6. – 8. April 1990	Arbeitswochenende *„Operation: Hinkelstein. Mission: Turm aufräumen". Im Kirchturm werden Pfadfinderzelte, Kochgeschirr und alle andere Lagerutensilien aufbewahrt. An dem Wochenende gilt es, den Turm aufzuräumen und defekte Materialien auszusortieren. Geordnetes Einräumen! „Wir übernachten im Jugendheim. Schlafsack und Luftmatratze sind mitzubringen. Weil es ein Arbeitswochenende ist, sind Kost und Logis frei. Wir werden einen Schwimmbadbesuch als Duschgelegenheit wahrnehmen." (aus: Chronik)*
20. – 22. April 1990	Besuch von den Pfadfindern aus Verneuil / Frankreich *Freitag, 20.4.: Ankunft der Gäste am Rathaus, anschließend Kaffee und Kuchen im Jugendheim, Abendessen in den Gastfamilien, bunter Abend. Samstag, 21.4.: vormittags Stadtbummel durch Darmstadt, nachmittags Ausflug ans Felsenmeer. Sonntag, 22.4.: Rückfahrt nach Frankreich*
27. April 1990	Georgstag *„Die Pfadfinder gestalten den Gottesdienst. Anschließend gibt es Nudeln und Haschee für Eltern und Kinder. Zwischen Gottesdienst und Essen verstrich aber viel Zeit, weil das Haschee nicht warm werden wollte. Gut Ding will Weile haben." (aus: Chronik)*
4. – 6.Mai 1990	Jufi-Bezirkslager am Marbach-Stausee im Odenwald *„Unter dem Motto ‚Der Natur näherkommen' trafen sich 76 Jungpfadfinder aus dem Bezirk Starkenburg mit ihren Gruppenleitern am Marbach-Stausee im Odenwald. Die „Jufis" [Jungpfadfinder] begannen mit einem Lagerfeuer. Die Nachtwache konnte später einen Überfall von befreundeten „Rovern" [ältere Pfadfinder] erfolgreich abwehren. Am nächsten Tag wurde ein nahegelegenes Wasserkraftwerk besichtigt, um Möglichkeiten alternativer Energiegewinnung zu erkunden. Am Nachmittag boten die Leiter Projektgruppen an: Wasseranalyse, Kräuterküche und Kompasshandhabung, man konnte auch Tiere im Wald beobachten und Wasserräder bauen." (aus: Darmstädter Echo vom 11.5.1990)*
23. – 27. Mai 1990	Die Rover fahren zum Katholikentag nach Berlin *Die Unterkunft ist in einer Schule in Berlin-Kreuzberg zusammen mit anderen DPSG-Gruppen. Programm: Besuch von Veranstaltungen und eigenständiges Erkunden von Berlin. Eine kleine Kurzgeschichte: „In der Unterkunft. Armin: ‚Also dann treffen wir uns alle um 3 Uhr vor Halle 3.' Alle: ‚OK. Um 3 Uhr vor Halle 3. Alle sind da, bis auf Stefan. Wieder in der Unterkunft.' Alle: ‚Stefan! Wo warst du?' Stefan: ‚Na, um 15:00 Uhr vor Halle 15!'" (aus: Chronik)*

1. – 5. Juni 1990	Pfingstlager. Die Pfadfinder fahren nach Westernohe
6. Juni 1990	Aus den Gruppen *Joel berichtet über den Zustand der Lampen auf dem Turm: „Es existieren nur zwei Petroleumlampen, eine davon ist defekt, außerdem gibt es noch eine Gaslampe und eine Elektrolampe, allerdings ohne Batterien. Detta kauft fünf große Petroleumlampen. Heringe gibt es genug auf dem Turm." (aus: Protokoll der Staleiru vom 6. 6. 1990)*
10. Juni 1990	Triathlon für Indien *Die Pfadfinder nehmen am Triathlon für die ANDHERI HILFE teil. Das ist eine Organisation der Entwicklungszusammenarbeit. Es geht um Hilfe zu Selbsthilfeprojekten für Menschen in Indien und Bangladesch. „Wegen des schlechten Wetters wird der Triathlon vom Bürgerpark Nord in die Edith-Stein-Schule verlegt. Unsere Mannschaft erringt einen 1. Platz." (aus: Chronik)*
22 – 24. Juni 1990	Pfarrfest *Die Pfadfinder veranstalten eine Tombola*
28. Juni 1990	Treffen mit den Jufi-Eltern *„Liebe Jufi-Eltern! Ihre Kinder sind nun schon recht lange bei uns in der Gruppe oder sie sind jetzt erst dazu gekommen. Wie dem auch sein, in den wöchentlichen Gruppenstunden lernen wir uns ganz gut kennen und wir Leiter haben auch viel Freude an „unseren" Kindern. Sie jedoch, die Eltern, kennen wir nur in Einzelfällen und auch untereinander kennen sie sich noch nicht so gut. Auch wissen die Eltern der „neuen" Jufis noch gar nicht, mit wem sie es in Zukunft zu tun haben werden. Aus diesem Grund wollen wir uns erst einmal mit Ihnen treffen. […] Wir wollen einfach nur mal einen Abend mit Ihnen verbringen, um Gelegenheit zum gegenseitigen Kennenlernen zu geben. […] Wir freuen uns auf das Treffen, Ihre Jufileiter Thomas Hasenauer und Benedikta Plohmann." (aus: Einladungsbrief an die Eltern)*

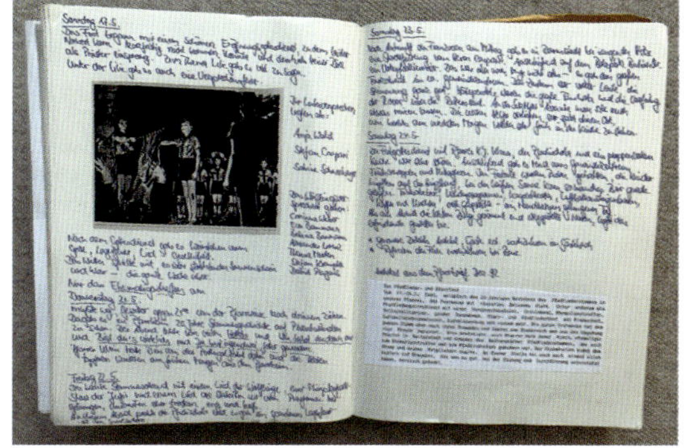

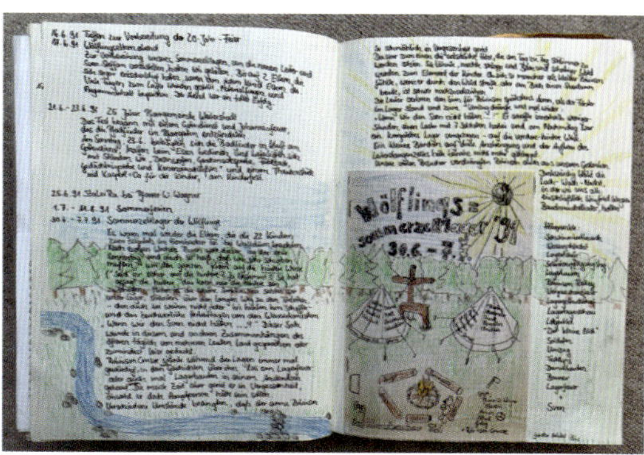

▼ *Aus der Chronik*

8. Juli 1990	Aus den Gruppen *„Bericht aus der Altroverrunde. Treff jeden letzten Dienstag im Monat. Der Termin soll im Pfarrbrief erscheinen. Die Altroverrunde läuft gut an. Das Verhältnis zum Stamm soll sich langsam entwickeln."* *„Das einzig wahre offizielle Liederbuch unseres Stammes ist bald da! Es soll 13.- DM kosten." (aus: Protokoll der Staleiru vom 8.7.1990)*
15. Juli 1990	Pfadfinder aus Norwegen machen Station in Weiterstadt
21. Juli 1990	Herausgabe des neuen „Leierkasten" *Der Leierkasten ist ein Liederbuch mit ca. 250 Liedern aus verschiedenen Bereichen. Die Palette reicht von Pfadfinderliedern über Volksliedern, Folksongs über alte, bekannte Hits bis hin zu Gospelsongs und religiösen Liedern. Die Rover haben die Lieder zusammengestellt, „mit viel Müh und Arbeit verbunden", Auflage: 22.000 Stück.*

▼ *20 Jahre unterwegs 1972 – 1992*

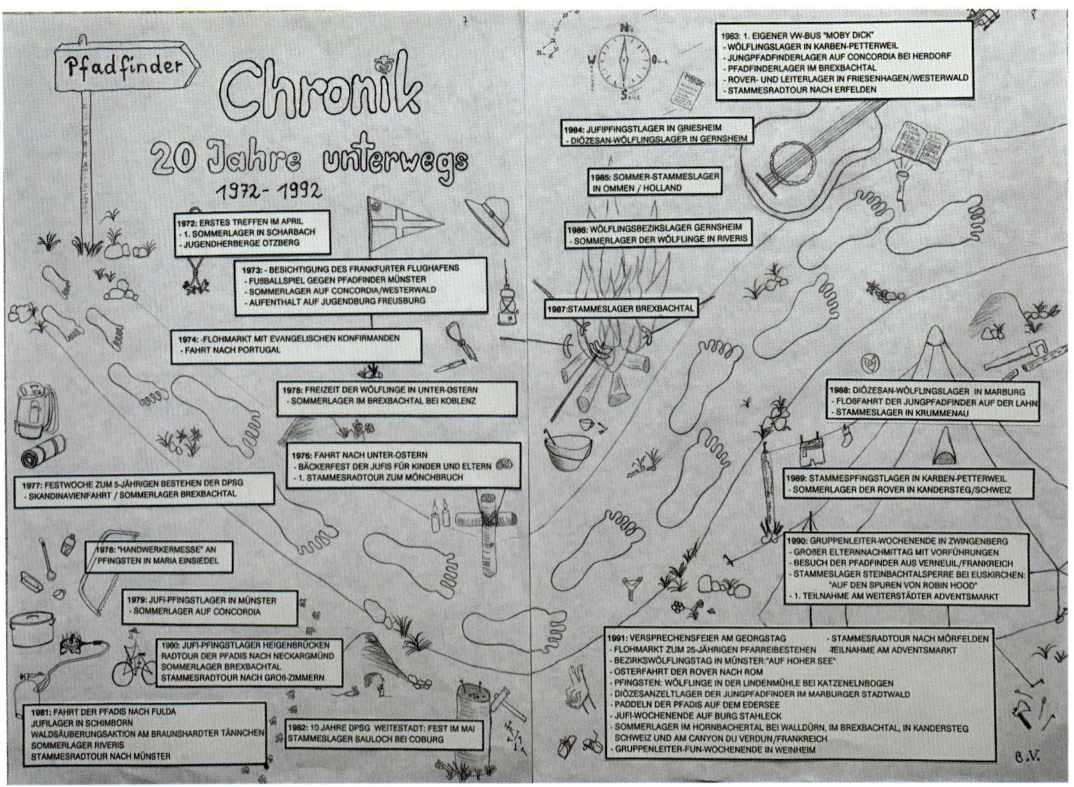

30. Juli – 12. August 1990	Stammeslager an der Steinbachtalsperre bei Euskirchen-Kirchheim *Motto: „Auf den Spuren von Robin Hood". „Der Jugendzeltlagerplatz „Steinbachtalsperre" liegt inmitten des Flamersheimer Waldes, 13 km von der Kreisstadt Euskirchen entfernt. Der wunderschön gelegene Zeltplatz bietet beste Voraussetzungen für die Durchführung eines Sommerlagers. So kann unter anderem auf ein großes Freizeitangebot (Schwimmbad, Wanderwege, Bootsverleih usw.) zurückgegriffen werden. Sanitäre Anlagen stehen in ausreichendem Maße zur Verfügung. Die Trinkwasserversorgung ist ebenfalls sichergestellt. Bau- und Brennholz wird von der Lagerleitung angeboten und zur Verfügung gestellt." (aus: Einladung zum Sommerlager 1990). Im Protokoll der Staleiru vom 6.6.1990 steht: „Das Lager wird etwas teurer, weil diesmal auf Vollwertkost und Abfallvermeidung geachtet werden soll. Benedikta Plohmann schreibt: „Liebe Eltern! Noch ganz in Zeltlager-Stimmung möchte ich mich mal wieder mit einem Informationsbrief an sie wenden. Wir haben ein Mammut-Zeltlager hinter uns, und ich glaube, alle Teilnehmer denken gerne daran zurück. Wir hatten noch nie so viele Teilnehmer an einem einzigen Lager, aber auch noch nie so viele Wespen oder gar Tiefflieger wie diesmal. An die Wespen haben wir uns recht schnell gewöhnt, nach den ersten Stichen hat jeder festgestellt, dass es soo schlimm gar nicht ist. Wir hatten auch noch nie so viele Zelte dabei und gleichzeitig so viel Platz zum Spielen (Volleyball, Fußball …). Und wir hatten noch nie so viel Sonne im Lager. Wir konnten sogar unsere Zelte trocken einpacken! Und auch das Heimweh hielt sich sehr stark in Grenzen, wohl auch ein Zeichen dafür, dass die Kinder mit Spaß bei der Sache waren." (aus: Eltern-Info der DPSG Weiterstadt v. August 1990)*
17. August 1990	Aus den Gruppen *„Im Lager hat sich gezeigt, dass einiges an Küchenmaterial fehlt. Es wurde beschlossen, 1-2 Schaumlöffel, 5 große Schneidebrettchen, 2 Dosenöffner, 2 Haushaltsscheren und Deckel für unsere großen Töpfe zu besorgen. Die Beschaffung eines neuen Küchenzeltes erscheint zweckmäßig. Vorschläge: Jourte, Rechteckzelt. Stefan informiert sich über die Möglichkeit, das alte Armeezelt gegen ein besseres zu tauschen. Falls das nicht möglich ist, werden wir die Beschaffung eines großen Aufenthaltzeltes vorsehen. Martin schlug die Beschaffung größerer Mengen Zeltimprägniermittel und einer Pflanzenschutzspritze vor, um die vorhandenen Zelte regelmäßig imprägnieren zu können. 100 Zeltnägel, 20 cm lang werden bestellt. " (aus: Protokoll der Staleiru vom 17.8.90)*

31. August 1990	Grillfest für alle Pfadfinder, ihre Eltern und Geschwister *Das Fest wurde wegen ungünstiger Witterung ins Jugendheim verlegt*
22. – 23. September 1990	Stammesradtour nach Münster bei Dieburg *„Die Georgspfadfinder aus Weiterstadt hatten eine Radtour nach Münster bei Dieburg geplant, der ganze Stamm mit allen Altersstufen und auch die Altrover wollten mitfahren. Aber das Wetter machte den Ausflüglern einen Strich durch die Rechnung. Als es den ganzen Samstagmorgen bis mittags regnete, wurde beschlossen, anstelle mit dem Fahrrad, wie geplant, nun mit dem Auto zu fahren. Einige Eltern der Kinder und Jugendlichen erklärten sich bereit, die Kinder zu fahren und so trafen alle bereits um 16 Uhr bei der katholischen Kirche in Münster ein. Dort wurden sie von den Pfadfindern aus Münster begrüßt. […] Der Rest des Abends verging schnell mit Spielen und Liedern. Am nächsten Morgen führte ein Ausflug zum Abenteuerspielplatz in Münster. Nach dem Essen trafen bereits die ersten Eltern ein, um ihre Kinder abzuholen. Obwohl das Radfahren auf dieser Tour ins Wasser gefallen war, haben diese zwei Tage doch allen Spaß gemacht." (aus: Wochenspiegel vom 28.9.1990)*

▼ *Aus der Chronik*

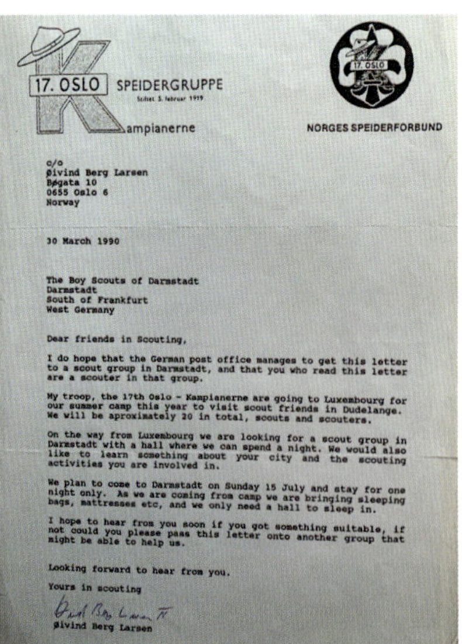

17. OSLO SPEIDERGRUPPE
Kampianerne
NORGES SPEIDERFORBUND

c/o
Øivind Berg Larsen
Bøgata 10
0655 Oslo 6
Norway

30 March 1990

The Boy Scouts of Darmstadt
Darmstadt
South of Frankfurt
West Germany

Dear friends in Scouting,

I do hope that the German post office manages to get this letter to a scout group in Darmstadt, and that you who read this letter are a scouter in that group.

My troop, the 17th Oslo - Kampianerne are going to Luxembourg for our summer camp this year to visit scout friends in Dudelange. We will be aproximately 20 in total, scouts and scouters.

On the way from Luxembourg we are looking for a scout group in Darmstadt with a hall where we can spend a night. We would also like to learn something about your city and the scouting activities you are involved in.

We plan to come to Darmstadt on Sunday 15 July and stay for one night only. As we are coming from camp we are bringing sleeping bags, mattresses etc, and we only need a hall to sleep in.

I hope to hear from you soon if you got something suitable, if not could you please pass this letter onto another group that might be able to help us.

Looking forward to hear from you.

Yours in scouting

Øivind Berg Larsen

▼ *Aus der Chronik*

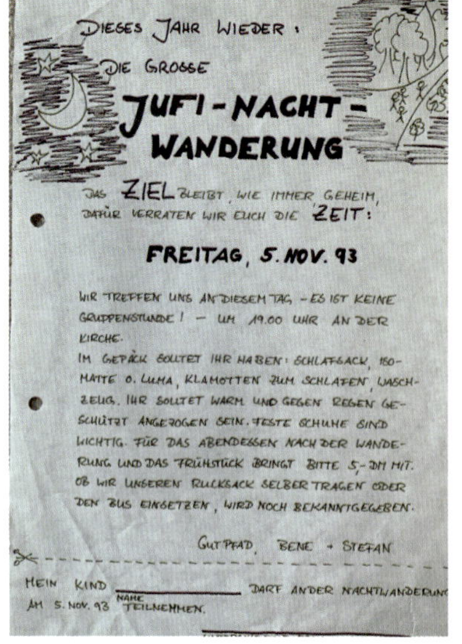

DIESES JAHR WIEDER:
DIE GROSSE
JUFI-NACHT-WANDERUNG

DAS ZIEL BLEIBT, WIE IMMER GEHEIM,
DAFÜR VERRATEN WIR EUCH DIE ZEIT:

FREITAG, 5. NOV. 93

WIR TREFFEN UNS AN DIESEM TAG – ES IST KEINE GRUPPENSTUNDE! – UM 19.00 UHR AN DER KIRCHE.
IM GEPÄCK SOLLTET IHR HABEN: SCHLAFSACK, ISOMATTE O. LUMA, KLAMOTTEN ZUM SCHLAFEN, WASCHZEUG. IHR SOLLTET WARM UND GEGEN REGEN GESCHÜTZT ANGEZOGEN SEIN. FESTE SCHUHE SIND WICHTIG. FÜR DAS ABENDESSEN NACH DER WANDERUNG UND DAS FRÜHSTÜCK BRINGT BITTE 5,- DM MIT. OB WIR UNSEREN RUCKSACK SELBER TRAGEN ODER DEN BUS EINSETZEN, WIRD NOCH BEKANNTGEGEBEN.

GUT PFAD, BENE + STEFAN

MEIN KIND ______ DARF AN DER NACHTWANDERUNG
NAME
AM 5. NOV. 93 TEILNEHMEN.

22. Oktober 1990	Kochen mit den Pfadfindern aus Walldorf *„Am Montag, den 22.10.90, wollen wir uns mit Pfadfindern aus Walldorf treffen und mit ihnen kochen. Der Moby fährt um 17.45 Uhr an der Kirche los. Wir treffen uns um 17:30 Uhr an der Kirche." (aus: Einladung für das gemeinsame Essen)*
26. Oktober 1990	Nachtwanderung der Wölflinge
27. – 28. Oktober 1990	Nachtwanderung der Jufis nach Mörfelden *Wegbeschreibung: „Den asphaltierten Weg, über die Brücke, gleich dahinter links rein, etwas runter. Trampelpfad durch den Wald. An seinem Ende ein kleines Stück nach links bis zum Waldrand, dann nach rechts! Am Waldrand rechts entlang, bei der ersten Kreuzung, wo es in den Wald reingeht, geradeaus. An der nächsten Kreuzung dann nach links. An dieser Kreuzung steht eine kleine Hütte rechter Hand. Bei der nächsten Kreuzung nach rechts in die Altschlag-Schneise (Eichelblatt). Dann immer geradeaus, über zwei Kreuzungen hinweg. Etwas später nach links abbiegen (rechts geht es nicht). Falls man diese Abzweigung verpasst, kommt man auf eine große Lichtung (Gänswiese). Die Abzweigung ist ein etwas gebogener Weg. Wir gehen ihn bis zur Stromleitungsschneise, dort nach rechts, die Schneise entlang, weiter über die Gänswiese und über einen Bach. Kurz vor dem nächsten Querweg quer über die Wiese nach rechts zum Waldrand gehen. Den Weg nach rechts weitergehen bis auf die Altschlag-Schneise. Dort nach links. Es kommt eine Kurve, Stromleitungen kreuzen. In einer erneuten Kurve geht es aus dem Wald raus, direkt auf den See zu." (aus: Notizen)*
29. Oktober 1990	Aus den Gruppen *Zur Gestaltung des neuen Busses. „Die Pfadis brachten folgende Vorschläge zur Bemalung: Mauer mit Loch, Regenbogen, Garten, Heck Follow me. Die Staleiru einigt sich daraufhin, den Pfadis die Realisation zu überlassen, jedoch sollte der Name „Moby Dick" und DPSG Weiterstadt in ausgeschriebener Form auf dem Bus auftauchen." (aus: Protokoll der Staleiru vom 29.10.1990)*
9. November 1990	Sankt Martin *Wir beginnen zur normalen Gruppenstunde um 17:00 Uhr. Die Pfadis machen Glühwein und Kakao, Hasi besorgt Holz, die Jufis feuern und die wahren Rover wollen Kartoffelpuffer verkaufen.*

16. November – 14.Dezember 1990	„Ich möchte mit einem Zirkus ziehen …" *„Der Hurrican begann wie immer mit einer Ideenfindung. Fast alle waren sich einig: Es sollte ein Zirkus werden. „Zirkussalat" und „Stadt, Land, Fluss … im Zirkusstil" dienten zur Animation und bald hatten die Kinder viele Ideen zur Durchführung. Es ging in den nächsten Gruppenstunden um das Einstudieren der Nummern und das Herstellen der Kostüme. Dompteure, Akrobaten, Zauberer, Seiltänzer und Clowns – und eine Kapelle. Am 14. Dezember gab es die große Zirkusvorstellung, zu der kurzfristig die Jungpfadfinder eingebunden wurden. Die einzelnen Nummern ernteten viel Beifall, auch wenn es nicht alles so klappte, wie in den Proben. Die Seiltänzer wurden sogar zu einer Zugabe genötigt. Nach der anstrengenden Vorführung konnten sich alle Künstler bei Saft und Chips stärken." (Sabine Schneeberger, aus: Chronik)*
1. – 2. Dezember 1990	Adventsmarkt in Weiterstadt *Der Standplatz für die Pfadfinder ist in der Nähe vom Bekleidungsgeschäft Orth vorgemerkt. Die Standgebühr beträgt insgesamt 200 DM. Der Gewerbeverein stellt Christbäume zum Selbstschmücken zur Verfügung. Sinn der Aktion: Pfadfinder in der Öffentlichkeit bekannt machen. „Trotz vieler Bauchschmerzen und Bedenken in der Vorbereitungsphase waren diese zwei Tage ein voller Erfolg. Alle Probleme, die wir uns vorher ausmalten, blieben aus. Fazit: Nächstes Jahr wieder! Die finanzielle Ausbeute war auch nicht zu verachten: Ein Erlös von 920.- DM konnte auf das Konto der Jahresaktion überwiesen werden." (aus: Eltern-Info)*
3. Dezember 1990	Aktion „Hilfe für Russland"
21. Dezember 1990	Weihnachtsfeier – einmal anders *„Die Weihnachtsfeier sollte einmal ganz anders werden. Am Jugendheim wollten wir den Kindern erklären, dass vor 2000 Jahren Maria und Josef, die Hirten und auch die drei Weisen als Pfadfinder unterwegs waren zum Licht und dass wir als Pfadfinder auch den Weg zu Gott suchen. Deshalb wollten wir zu einer gemeinsamen Wanderung durch das Dunkel zum Licht aufbrechen. Als Grundlage wollte ich die Weihnachtsgeschichte vorlesen. Da uns aber dauernd vorbeifahrende Autos störten, gingen wir erst einmal ein Stück Richtung Tannenhof. Als wir zurückkamen, erwartete die vom Schnee durchweichten und durchfrorenen Kinder ein Lagerfeuer. Dort, am Feuer, am Licht, gab es warmen Tee, Weihnachtsplätzchen und eine Weihnachtsgeschichte. Den Kindern hat diese ungewöhnliche Weihnachtsfeier gut gefallen – eben einmal anders." (Sabine Schneeberger, aus: Chronik)*

24. Dezember 1990	Kinderchristmette *Die Wölflinge führen ein Krippenspiel auf*
4. – 6. Januar 1991	Sternsingeraktion *„Die Wölflinge beteiligen sich mit zwei Gruppen. Wir waren mit dem Erlös sehr zufrieden. Er ging an Pfadfinder in der Dritten Welt."*
4. – 6. Januar 1991	Leiterwochenende in Maria Einsiedel, Gernsheim *„Thema des Wochenendes war ‚Leiterversprechen ja oder nein?' Um uns auf dieses Thema einzustimmen, wurden Zeitschriften, Papier, Schere und Kleber ausgepackt und es wurde geschnippelt. Jeder sollte seinen Lebensweg in Form einer Collage darstellen. […] Am nächsten Morgen entstand eine lebhafte Diskussion. Warum sollte man ein Leiterversprechen machen? Wer steht schon so fest hinter den Leitlinien? Oder: Was für einen Sinn hat ein Versprechen? Jeder versucht doch auch so, die Leitlinien und den pfadfinderischen Gedanken zu verwirklichen! […] Solche und andere Fragen haben wir uns gestellt und zum Teil auch Antworten gefunden." (Bernadette Vetter, aus: Chronik)*
11. – 13. Januar 1991	„Baumkratzer"-Wochenende im Brexbachtal. Das ist ein Zeltlager im Winter
8. Februar 1991	Die Wölflinge feiern Fasching *„Es gab eine ‚Faschingsparty' mit Spielen und Tänzen im Jugendheim. Da jeder Wölfling etwas zu Essen mitgebracht hatte, besaß man ein großes Buffet, an dem man sich herrlich sattessen konnte." (Anja Wald, aus: Chronik)*

▾ *Sommerlager Brexbachtal, 1991* Kathrin Caspari

28. Februar 1991

Aus den Gruppen

„Bisher sind von 200 Liederbüchern 106 verkauft worden. Damit sind bereits die Unkosten getilgt. 12 Liederbücher sind dem Stamm übergeben. Der Rest muss weiter unter die Leute gebracht werden. Die Rover erhalten 50% des Reingewinns."

„Bene hat einen Brief verfasst, in dem sie den PGR und den Verwaltungsrat auf unsere massiven räumlichen Probleme aufmerksam macht und die Mitglieder auffordert, schnellstens Abhilfe zu schaffen. Die Stammesleiterrunde unterstützt diesen Brief."

„Die Waldsäuberungsaktion wird vertagt."

„Zur 20-Jahr-Feier 1992: Bene teilt an jeden einen Plan aus, auf dem alle Aktivitäten aufgeführt sind. Folgende Info kam noch hinzu: Aufnäher fertigen lassen ist zu teuer, evl. selber Stoff bedrucken. Für 300 T-Shirts mit eigenem Aufdruck zahlen wir 8 – 12 DM pro Shirt. Es wurde beschlossen, selber T-Shirts zu bedrucken. Herr Caspari kann uns dafür ein Sieb unseres Emblems herstellen. Markus schreibt einen Wettbewerb für das schönste Emblem aus. Zu gewinnen ist ein 50.- DM-Gutschein beim Rüsthaus. Das Gästebuch, das uns ebenfalls Herr Caspari besorgt, soll den gleichen Umschlag haben wie unsere Chronik. Die Festschrift kommt uns lt. Herrn Caspari am günstigsten, wenn wir sie kopieren und bei ihm heften lassen. Stefan möchte für die 20-Jahr-Feier eine eigene Band gründen und sucht dafür Interessenten. Nächstes Treffen für die 20-Jahr-Feier am 16.6.91, 15:00 Uhr bei Stefan." (aus: Protokoll der Staleiru vom 28.2.1991)

▼ *Marion Weber, Marc Brogsitter und Claudia Falter, Anfang der 1990er Jahre*

Stephan Partsch

23. – 31. März 1991	Osterfahrt der Rover nach Rom
30. März 1991	Osterfeuer *Die Jungpfadfinder und Pfadfinder entzünden vor der Kirche das Osterfeuer.*
9. April 1991	Aus den Gruppen *„Die Wölflingsgruppe von Anja und Birgit mit dem Meutenamen ‚Die großen Naturfreunde' beschäftigt sich mit dem Thema Zoo. Geplant ist eine Fahrt ins Vivarium. Die Wölflingsgruppe von Detta und Bine beschäftigt sich mit dem Thema Robinson Crusoe. Unter diesem Thema haben sie eine Schnitzeljagd und ein Schokoladenfondue veranstaltet. Die Jungpfadfinder haben mit einem Filmprojekt begonnen, das durch die Wochenendfreizeit auf Burg Stahleck am 19.4. – 21.4.91 unterbrochen wird. Die Pfadfinder stellen ebenfalls einen Film her. Ihr Drehbuch heißt: ‚Fahrt ins Jenseits'. Eventuell wollen sie sich nach dem Film mit dem Bemalen des Moby beschäftigen. Die Rovergruppe von Martin macht zurzeit ein Fotoprojekt. Das Thema lautet: ‚Ein Pfadfinder macht eine Weltreise'. Sie wollen ihre Filme selber entwickeln und sie eventuell am Pfarrfest ausstellen. Die andere Rovergruppe bereitet zurzeit ihr Sommerlager in Südfrankreich vor." (aus: Protokoll der Staleiru vom 9.4.1991)*
19. – 21. April 1991	Jufi-Wochenende auf Burg Stahleck
26. April 1991	Versprechensfeier am Georgstag *„Die Georgsfeier beginnt mit einer Schatzsuche. Um 19:00 Uhr wird die Feier mit einem Gottesdienst fortgesetzt. Alle Pfadfinder sollen in einem Halbkreis um den Altar herumsitzen. Das Versprechen soll um die Osterkerze stattfinden. Beim Versprechen selber soll jede Stufe einzeln nach vorne kommen. Dann bilden die, die kein Versprechen machen, einen Kreis und diejenigen, die das Versprechen machen, stellen sich in diesen Kreis hinein. Jeder, der ein Versprechen macht, besitzt einen Paten. Als Andenken an dieses Versprechen werden Kerzen mit der Pfadfinderlilie verteilt." (aus: Protokoll der Staleiru vom 9.4.91)*
4. Mai 1991	Pfadfinder-Flohmarkt zum 25jährigen Pfarreibestehen *Der Erlös des Flohmarktes geht zu 50 Prozent an den Pfarrfest-Erlös, die andere Hälfte ist für die diesjährige Jahresaktion „Komera Rwanda - Pfadfinder für Kinderrechte" bestimmt. Es gibt noch einen Stand mit Waffeln. Die Pfadfindergruppe ist dafür verantwortlich.*

17. – 21. Mai 1991	Pfingstfahrt der Wölflinge zur „Lindenmühle" bei Katzenelnbogen Diözesanzeltlager der Jungpfadfinder im Marburger Stadtwald *Das Motto: Kreuz und quer durch die Marburger Prärie. „Stöbert nach Kostümen für die Zeit von 1840-1900. Ihr seid Trapper, Siedler, Bauern, Cowboys oder Indianer! Für den Weg durch die Prärie benötigt ihr einen Planwagen (aus Leiterwagen, Kinderwagen...) Eurer Phantasie sind keine Grenzen gesetzt. Schließlich geht es ja in die Marburger Prärie."* Pfingsten: Paddeln der Pfadis auf dem Edersee
30. Mai 1991	Fronleichnam
	Rover und Leiter errichten vor dem Jugendheim einen Altar mit Überdachung und Blumenbild
8. Juni 1991	Bezirkswölflingstag in Münster („Wölflinge auf hoher See")
21. – 23.Juni 1991	25 Jahre Pfarrgemeinde Weiterstadt *Die Pfadfinder organisieren das Johannisfeuer. Der Erlös wird für das Sommerlager verwendet.*
29. Juni – 13. Juli 1991	Jufi-Sommerlager im Brexbachtal *„Hier noch ein paar letzte Infos vor dem Start ins Brexbachtal: Wir fahren nun doch nicht mit der Bahn, weil wir eine so kleine Gruppe sind. Wir treffen uns am Samstag, den 29.6.91um 8:00 Uhr an der katholischen Kirche in Weiterstadt. Das Gepäck sollte folgendes beinhalten: Strapazierfähige Hosen (lang und kurz, auch zum Wechseln), Pullies, T-Shirts, dicke Jacke oder dicker Pullover, Jogginganzug für nachts, feste Schuhe oder Turnschuhe (Hauptsache bequem), Kluft, Regensachen, Waschzeug, Handtücher, Unterwäsche, Badezeug, Sonnencreme, Schlafsack (warm!), Luftmatratze oder Isomatte, Kuscheltier und Liederbuch. Bitte packt möglichst alles in einen Rucksack! Für die Hinfahrt und Samstagmittag nehmt bitte etwas zu essen mit. Wir kochen dann erst abends." (aus: Elternbrief)*
30. Juni – 7. Juli 1991	Sommerlager der Wölflinge auf dem Jugendzeltplatz „Im Hornbacher Tal" bei Walldürn
30. Juni – 12. Juli 1991	Sommerlager der Pfadfinder in Kandersteg/ Schweiz
29. Juli – 10. August 1991	Sommerlager der Rover am Canyon du Verdun/ Frankreich

23. August 1991	Grillabend vom Stamm und den Eltern (Motto: „Aktion für den Moby") *Die Kinder kommen in Kluft. Es werden Dias aus den Zeltlagern gezeigt. Der Erlös ist für den Pfadfinderbus Moby*
31. August – 1. September 1991	Stammesradtour nach Mörfelden/Walldorf
20. September 1991	Kartoffelfeuer der Wölflinge
5. – 6. Oktober 1991	Leiter-Fun-Wochenende in Weinheim
8. – 10. November 1991	Besuch bei unseren Freunden in Verneuil sur Seine
11. November 1991	Martinsumzug *Die Pfadfinder bieten Glühwein und Kakao an, die Jufis kümmern sich ums Feuer*
21. November 1991	Aus den Gruppen *„Wölflinge: Produkte aus der Natur, Brotbacken. Jufis: Fackeln gebaut, Arbeiten für die Pfarrei. Pfadfinder: Zelte, Kothen geflickt, Schlitten bauen. Rover1: Wollen ins Planetarium, Dino-Schau. Rover 2: Fotoaktion beendet, Vorbereitung für die 20-Jahr-Feier. Altrover: Vorbereitungen zum Adventsmarkt. Der Erlös geht zur Hälfte an den Stamm. Zur anderen Hälfte sollen Projekte auf den Philippinnen unterstützt werden. Die Altrover planen Kinderkino am Adventsmarkt" (aus: Protokoll vom 21.11.1991)*
29. November – 1.Dezember 1991	Adventsmarkt *Die Pfadfinder Weiterstadt zeigen in Zusammenarbeit mit dem Kommunalen Kino Weiterstadt: Walt Disney Productions Robin Hood. Eintritt: 5,– DM. Der Erlös ist für den Bau von Unterkünften für die Vulkanopfer auf den Philippinen bestimmt.*
16. Dezember 1991	3. Advent. Die Rover verkaufen vor der Kirche selbstgebackene Plätzchen
10.–12. Januar 1992	Rodelwochenende in Freudenstadt für Jufis, Pfadis und Rover
18.–19. Januar 1992	Stufenkonferenzen der Leiter auf Diözesanebene
24.–26.Januar 1992	Leiterwochenende des Stammes in Gernsheim Maria Einsiedel
31. Januar – 1. Februar 1992	Nachtwanderung der Pfadis
8.–9. Februar 1992	Nachtwanderung der Jufis nach Griesheim

10. Februar 1992	Aus den Gruppen *„Wölflinge ‚Große Naturfreunde': Pfadfindertechniken (Knoten, Bahnhofsralley). Wölflinge: Prüfungen über Schleichen, Morsen, Kartenlesen, Knoten, Kompass, Telefonieren, Hangeln, Spiele erklären, Gebet sprechen. Jungpfadfinder: Nachtwanderung. Demnächst ebenfalls Pfadfindertechniken. Im Moment ist die Gruppe mit 28 Kindern viel zu groß. Pfadfinder: Nachtwanderung. Anschauen alter Bilder für die 20-Jahr-Feier. Bezirksveranstaltung am 17.Mai geplant. Die Rover: Einüben der ‚Alten Rittersleut` für die 20-Jahre-Feier. Gruppenkultur fehlt momentan. Die Selbstvertretung der Rover im e.V. ist angesprochen worden, bis jetzt mit wenig Resonanz. Einzig wahre Rover: Machen sich Gedanken über die PUP-Renovierung. Die Finanzierung steht aber noch aus. Stellen sich zur Verfügung für die Erstellung eines Turmes / Tores für die 20-Jahr-Feier, erbitten dafür allerdings größtmögliche Mitarbeit." (aus: Protokoll des EV vom 10.2.1992)*
17. März 1992	Aus den Gruppen *„WOES 1: Der Hurrikan ist mit einer Urkunde abgeschlossen worden. Es waren einige Proben zu erfüllen, z.B. Knoten knüpfen, mit Kompass etwas anpeilen, telefonieren, ein Gebet sprechen. Am 27.März gehen sie schwimmen und nach Ostern bereiten sie sich auf das Versprechen während der 20-Jahrfeier vor. WOES 2: ‚Die großen Naturfreunde'. Sie haben Pfadfindertechniken wie morsen und knoten gelernt, Masken gebastelt und eine Faschingsfete gefeiert. Jetzt wollen sie ein Frühlingsfensterbild basteln. JUFIS: Sie haben Knoten gelernt und wollen nun ein Knotenbrett erstellen und eine Knotenprüfung für ein Abzeichen ablegen. Am Georgstag machen sie eine eigene Versprechensfeier und bereiten sich jetzt darauf vor. PFADIS: ‚Die letzten Gruppenstunden wurden von verschiedenen Teams aus der Gruppe gestaltet. Jetzt wird die Fotowand für die 20-Jahrfeier gestaltet.' ROVER 1: ‚Sie planen den Umbau des rechten Pubraums.' ROVER 2: ‚Sie üben eine Einlage für die 20-Jahrfeier und bauen das Bühnenbild.' Zu den beiden Rovergruppen kam ein Vertreter des Diözesan-Rover-AKs, der sich und die Arbeit dieses Ausschusses den beiden Gruppen vorgestellt hat. Er möchte den Kontakt zu den Gruppen aufrecht halten und die Zusammenarbeit zwischen den Rovergruppen fördern. Es wird ein Heft von allen Rovergruppen in unserer Diözese erstellt." (aus: Protokoll vom 17.3.1992)*
3. – 18. April 1992	Fahrt der Rover, Leiter und Freunde nach Schottland
18. April 1992	Osterfeuer
23. April 1992	Georgstag. Keine große Veranstaltung in diesem Jahr

17. – 24. Mai 1992	Festwoche zum 20jährigen Jubiläum *„Wenn wir anlässlich der 20 Jahre unserer Stammesgeschichte ein Fest veranstalten, dann wollen wir damit all die Menschen feiern, die uns auf unserem Weg begleitet haben: Unsere Kuraten, all die Leiterinnen und Leiter, die so viel Zeit und Energie in die Arbeit mit Kindern gesteckt haben, all die Kinder und deren Eltern, die bei uns groß geworden sind und all die Menschen, die immer da waren und angepackt haben, wenn es etwas zu tun gab." (aus: Festschrift 20 Jahre DPSG Weiterstadt. Das Programm: Sonntag, 17. Mai: Eröffnungsgottesdienst, anschließend Lagerfeuer. Donnerstag, 21. Mai: Ehemaligentreff. Freitag, 22. Mai: Bunter Stammesabend. Samstag, 23.Mai: Volleyballturnier, abends Tanzabend mit der Kapelle Twilight im evangelischen Gemeindezentrum. Sonntag, 24. Mai: Festgottesdienst zum Pfadfinderjubiläum („Wir sind unterwegs"), anschließend Frühschoppen. Nachmittags Kinderfest, Workshops im Schaulager, Tombola, Ballonaktion.*
22. Juni – 6. Juli 1992	Fahrt der Rover nach Schweden
18. Juli – 1. August 1992	Stammeslager in Wiltz/Luxemburg (Motto: „Die Wikinger kommen!") *Wiltz an der Wiltz ist ein kleines, verträumtes Städtchen. Es gibt viele Zeltplätze rund um die Stadt, ein Pfadfinderbüro, ein Pfadfindermuseum, international Campfire, Pfadfinderdisco und vieles mehr. Viele schöne internationale Begegnungen, Tausch von Halstüchern, Abzeichen und Hemden ist vorrangiges Interesse aller Lagerteilnehmer.*
21. August 1992	Eltern-Grillabend; Pfadfinder-Grillfest im Schlosspark in Braunshardt
11. September 1992	Fahrt auf den Frankenstein (Jufi-Gruppenstunde)

◂ *Roverfahrt nach Schweden, Sommer 1992* Stephan Partsch

19. Oktober 1992	Aus den Gruppen *„Wö 1: Vorbereitung und Teilnahme am Bezirkstag in Mainz, „Pfadfinder-Quiz“ (Fragen zu Pfadfinder, Verhalten im Wald usw.). Wö 2: Boote wurden gebaut, geplant sie in nächster Zeit fahren zu lassen. Juifis: Kartenlesen, Umgang mit Kompass, Kartenanfertigen. Pfadis: Versprechensplanung. Rover 1: Honigwein angesetzt, geplant ist Liederbuch 2. Rover 2: Hobbies vorstellen. Altrover: Werkzeugsammlung für 3. Welt“ (aus: Protokoll des EV vom 19.10.1992)*
31. Oktober – 1. November 1992	Leiter FUN-Wochenende in Weiterstadt *Das Motto diesmal: „In Weiterstadt-um Weiterstadt und um Weiterstadt herum!“ Eingeladen sind alle aktiven und passiven Mitarbeiter mit ihrem Anhang (Freund, Freundin, Frau, Mann, Kind und Hund)*
13. November 1992	Nachtwanderung *In der Einladung steht: „Anlässlich der diesjährigen Nachtwanderung haben wir uns etwas Besonderes vorgenommen: Wir wollen eine Versprechensfeier halten. Wir gehen deshalb am 13. November 1992 nach der Gruppenstunde los in die Nacht, und diejenigen, die sich darauf vorbereitet haben, werden dann irgendwo im Wald ihr Versprechen ablegen. Wir kommen auch irgendwo an (wo, wird wie immer noch nicht verraten) und übernachten dort. Am nächsten Tag werdet ihr nach Hause gefahren.“*
27. – 29. November 1992	Adventsmarkt *„Eingekauft wurde zu viel, verbraucht zu wenig. Maronen waren zu wenig. Der Stand war nicht regenfest. Nicht alle Kartoffeln auf einmal schälen, da sie sonst nicht mehr frisch sind und verfaulen. Einkaufsliste von letztem Jahr hat gefehlt, so dass zu viel eingekauft wurde. Banner hat gefehlt. Stand war letztes Jahr auffälliger, besser den Pfadfindern zuzuordnen. Wetter war mies. Der Gewinn von ca. 300 – 400 DM wird den Altrovern für ihre Werkzeugaktion gespendet.“*
9. Dezember 1992	Aus den Gruppen *„Wö 1: Workshop – Knoten, Kompass, 1.Hilfe, Astronomie. Prüfung folgt. Wö 2: Thema Umwelt – Wasserproben und -tierchen im Mikroskop untersucht, Wasserkreislauf, Müllvermeidung, Recycling besprochen, Strohsterne gebastelt. Jufis: Versprechensfeier. Gruppe wurde jetzt aufgeteilt. Pfadis: Mega-Nachtwanderung inclusive Versprechensfeier, Schlitten werden gebaut. Rover 1: Vorträge über Computer, Telefon, Fotografieren etc. Puppenhaus wird gebaut. Rover 2: Planung Sommerlager, Honigwein brodelt vor sich hin, Liederbuch II entsteht. Altrover: ?, aber die Terminplanung für 1993 ist schon da“ (aus: Protokoll vom 9.12.1992)*
2. – 6. Januar 1993	Sternsingeraktion

15.–17. Januar 1993	Leiterwochenende in Gernsheim/Maria Einsiedel *In der Einladung steht: „Wir wollen an diesem Wochenende ein bisschen mehr über uns als Gruppeleiter erfahren und die Arbeitsweisen der anderen Stufen kennenlernen. So wird unsere Arbeit vielleicht auch für uns selber etwas transparenter. Aber natürlich wollen wir auch Spaß haben, uns noch näher kennenlernen uns was uns sonst noch einfällt."*
12. Februar 1993	Pfarrfasching im Jugendheim, organisiert von den Jufis und Pfadis
17. März 1993	Aus den Gruppen *„Wös 1: Projekt Höhlen. Wös 2: Thema Umwelt. Am letzten Freitag: Umfrage der Kinder in Weiterstadt: ‚Was tun sie für die Umwelt?' Nächstes Mal: Waldsäuberung. Jufis 1 (Schlümpfe): T-Shirts bemalen. Jufis 2 (Yetis): Infos über Yetis gesammelt, Aufnäher gemalt, wollen eine Fahne malen. Pfadis: Machen eine Zeitung, durch den ‚Zündstoff' angeregt, Markus möchte der Gruppe die Stammesstruktur näherbringen, d.h. wie entstehen Entscheidungen, was wurde entschieden … Die Rover: Gruppendynamische Gruppenstunden, Brainstorming. Die einzig wahren Rover: Nichts." (aus: Protokoll vom 17.3.1992)*
10. April 1993	Osterfeuer
23. April 1993	Georgstag
7. Mai 1993	1. Weiterstädter Gruppenleiter-Ausbildungskurs
28.–31. Mai 1993	Stammes-Fahrradtour über Pfingsten. Die Wös fahre in das Wölflingslager nach Gernsheim („Walli Wödl")
27. Juni 1993	Pfarrfest. Die DPSG kümmert sich ums Spülen

◂ *Roverfahrt nach Schweden, Sommer 1992* Stephan Partsch

12. Juli 1993	Aus den Gruppen *„Wölflinge: Zelte aufbauen mit den Kindern geübt. Jufis: Kleine Boote gebaut. Ein wenig erste Hilfe geübt. Pfadfinder: Essensplan für den Sommer aufgestellt, allgemeine Vorbereitungen für das Lager. Die angefangene Pfadfinderzeitung liegt auf Eis. Die Entwürfe sind verschollen. Rover: Projekt Eismaschine steht noch an, einige Materialien sind besorgt. Leider war es bislang noch nicht möglich, alle Leute mit allen nötigen Materialien zu versammeln. Ferner Grundsatzdiskussion über die Zukunft der Gruppe. Guter Wille für die Zukunft vorhanden."* *„Leitersituation. Zum Problem: 25 Kinder stehen auf der Warteliste für die Wölflingsgruppen, 18 davon sind im richtigen Alter. Weitere Aufnahme nur möglich, wenn mehrere Wechsel vorgenommen werden können. Die Anzahl ist jedoch aufgrund der fehlenden Leiter sehr begrenzt. Die Wölflingsgruppen können wahrscheinlich zwischen 4 und 5 Kindern zu den Jufis entlassen, diese etwa die gleiche Anzahl zu den Pfadis und dann wird es problematisch. Bald wird es wahrscheinlich unumgänglich sein, eine neue Rovergruppe aufzumachen, aber wer wird Leiter?"* *„An den Zelten wurden Schäden festgestellt, allerdings noch nichts gemacht. Die Sommerlager stehen kurz bevor. Dort sollen einige Zelte imprägniert werden. Die Schäden sind nicht allzu groß. Die Leiter gehen davon aus, dass es keine größeren Probleme gibt." (aus dem Protokoll vom 12.7.1993)*
24.–31. Juli 1993	Wölflingslager im Brexbachtal
28. Juli–8. August 1993	Jufi- und Pfadilager in Wings/England, Windsor International Guide and Scout Camp *„Es handelt sich um ein internationales Pfadfinderlager. Dort werden verschiedene Aktivitäten angeboten. Es bestehen gute Kontaktmöglichkeiten zu ausländischen Pfadfindergruppen und für die Kinder die Möglichkeit, ihre Sprachkenntnisse intensiv zu üben." (aus: Brief an die Eltern)*
November 1993	Gründung der Stammeszeitung „St. Schorsch"
5. November 1993	Jufi-Nachtwanderung *„Wir treffen uns an diesem Tag -es ist keine Gruppenstunde- um 19:00 Uhr an der Kirche. Im Gepäck solltet ihr haben: Schlafsack, Isomatte oder Luma, Klamotten zum Schlafen, Waschzeug. Ihr solltet warm und gegen Regen geschützt angezogen sein. Feste Schuhe sind wichtig. Für das Abendessen nach der Wanderung und das Frühstück bringt bitte 5.- DM mit. Ob wir unseren Rucksack selber tragen oder den Bus einsetzen, wird noch bekannt gegeben." (aus: Einladung zur Nachtwanderung)*

11. November 1993	Martins-Umzug *Der diesjährige Martinsumzug findet um 19:00 Uhr statt. „Begonnen wird mit einer kleinen Feier in der Kirche, anschließend führt der Umzug durch Weiterstadt. Hinterher bietet die Pfadfinderstufe Glühwein und Kakao an. Die Jufis sind an diesem Abend für das Martinsfeuer zuständig. Die Wölflinge sind herzlich eingeladen, ihre Laternen mitzubringen und sich am Zug zu beteiligen. Alle Pfadfinder kommen in Kluft." (aus: Info für die Eltern)*
12.–14. November 1993	Leiter-Fun-Wochenende in Westernohe *„Einmal im Jahr wollen wir Leiter uns was Gutes tun, damit wir mit Spaß und Freude unsere Gruppenarbeit leisten: Wir fahren auf's Leiter-Fun-Wochenende. Es findet in einem Selbstverpflegungshaus in Westernohe statt. Es dürfen alle Leiter, freie Mitarbeiter und Anhang mitfahren."*
27.–28. November 1993	Kinder-Kino Peterchens Mondfahrt im kommunalen Kino Weiterstadt *„Peterchen und Anneliese helfen dem Maikäfer Sumsemann sein Beinchen wieder zu bekommen. Auch wir möchten helfen, damit ein Kindergarten in Simbabwe außer alten Autoreifen auch anderes Spielzeug bekommt. Der Erlös aus den 5.- DM Eintrittsgeld soll hierzu verwendet werden." (aus: Einladung zum Filmnachmittag)*
12. Dezember 1993	Adventsnachmittag *„Am 12.12.1993 findet ein Adventsnachmittag statt, der von den Altrovern ausgerichtet wird, für die Pfarrgemeinde. Der Adventstag beginnt mit einem Mittagessen nach dem Gottesdienst. Nach dem Mittagessen führen die Jufis das Lied‚Zu spät, die Hesse komme ...' auf. Die Wölflinge der Gruppe 1 verkaufen an diesem Tag Bastelsachen für die Jahresaktion. Eventuell führen auch die Gruppenleiter etwas an diesem Nachmittag auf. Zu diesem Nachmittag sollen auch die Eltern der Gruppenkinder eingeladen werden, die, wenn möglich, Kuchen spenden sollen. Es wird unbedingt noch jemand gesucht, der für diesen Nachmittag eine Einladung schreibt." (aus: Protokoll der e.V. vom 9.11.1993)*
7.–9. Januar 1994	Leiterwochenende in Gernsheim
5. Februar 1994	Fastnacht in der Pfarrei *Programm und Organisation von den Pfadfindern in Weiterstadt*
22.–24. April 1994	Bezirkscamp am Marbach-Stausee im Mossautal bei Beerfelden

	Eingeladen sind alle Gruppen, von den Wölflingen bis zu den Rovern. In der Einladung stand: „Am Samstag wollen wir eine große Gelände-Ralley machen für die wir alle Gruppen brauchen. Und Abends ein großes, gemeinsames Lagerfeuer mit allerlei anderen Aktionen."
27. April 1994	Aus den Gruppen *„Huskies: Wollen Steine im Schlossgarten wegräumen. Wö2: wollen auch Steine aus dem Schlossgarten wegräumen und haben das Thema „Gespenster". Yetis: Entrosten die Garage im Schlossgarten und streichen zwei Seiten. Schlümpfe: Wollen eine Holzkothe bauen. Pfadis: machen ihre Photostory weiter, planen ihre Fahrt in den Schwarzwald und haben den Heizungskeller aufgeräumt. Flachländer: kümmern sich um zwei Gruppenmitglieder, wollen ihre Halstücher bemalen und sollten mal anfangen, ihr Pfingstlager zu planen. Die einzig waren: haben Rohre bestellt und warten auf diese." (aus: Protokoll vom 27.4.1994)*
6.–8. Mai 1994	Jufi-Wochenende auf Burg Stahleck *„Die Burg Stahleck ist eine wunderschöne Jugendherberge. Dort werden wir schlafen und essen und spielen und und und. Am Samstag werden wir eine Wanderung und evl. auch eine Bootsfahrt machen. All dies ist inbegriffen im Preis von 65.- DM. Hinfahren werden wir höchstwahrscheinlich mit Moby und Privat-PKW." (aus: Einladung zum Wochenende)*
Juni 1994	Unterstützung für Ruanda
8.–9. Juli 1994	Aktion zur Gestaltung des Schlossgartens *Am Freitag, den 8.7., werden die Jungpfadfinder, Pfadfinder und Leiter einen Umgrab-Steineausles-Feldzug ausführen, zu dem wir alle Hände brauchen. Am Samstag fangen wir um 10 Uhr an, das Gelände einzuebnen und Rasen zu säen. Für das Mittagessen und für Getränke wird gesorgt. Für das abendliche Grillen benötigen wir noch Salatspenden. Für den Arbeitseinsatz benötigen wir auch noch jedes Gartenwerkzeug, das ihr besorgen könnt (Schubkarren, Schaufeln, Rechen, Spaten, Harken…) Außerdem wollen wir einen Baum pflanzen, an den wir ein Schild mit den Namen der Helfer hängen. Uns fehlt leider noch der Baum. Also falls ihr einen Baum habt (5- 8 cm Durchmesser, 150 -200 cm hoch) meldet Euch bei einem Rover." (aus: Einladung zur Aktion)*

18.–29. Juli 1994	Stammeslager in Viechtach/Bayrischer Wald *Motto: „Die Menschen aus dem Dschungel". „Es ist eine große Wiese, auf der auch andere Gruppen zelten werden. Direkt daran ist ein Fluss, der ‚Schwarze Regen'. Um den Platz herum gibt es Wald. Mit einer Stunde Fußweg ist man in Viechtach und rund herum gibt es eine Menge zu sehen. Diese Dinge könnt ihr mitnehmen: Kuscheltier, Liederbuch, Taschenmesser, Beile, Bücher, Schreibzeug und kleine Spiele. Was auf jeden Fall zu Hause bleibt: Walkman oder ähnliche Krachmacher, die ‚guten' Klamotten und alle Arten von Computerspielen. Wir werden diese Dinger einsammeln und erst nach dem Lager wieder ausgeben. Was ihr auch nicht braucht: Süßigkeiten und ähnliches. Das haben wir im Lager immer genügend für alle da. Wenn ihr dingt etwas mitnehmen wollt, müsst ihr es mit allen anderen teilen. Gut Pfad!" (aus: Einladung zum Zeltlager)*
1.–11. August 1994	World Jamboree in Holland *„Vom 1.-11.8.1995 findet in Holland der World Jamboree statt. Dies ist ja nicht so weit entfernt von uns, aber die ganze Geschichte wird für ein Lager zu teuer. Der Teilnehmer-Beitrag beträgt 1200.- DM pro Person. Deshalb werden wir nur darüber informieren, nicht einladen." (aus: Protokoll des Leiterwochenendes vom 7.-9.1.1994)*
12. August 1994	Filmnachmittag im Kommunalen Kino Weiterstadt. *Premiere des Films „Es war einmal Burg Stahleck". Der Film wurde von den Wölflingen des Stammes Sankt Johannes Weiterstadt in eigener Regie gedreht*
5. September 1994	Reflexion über das Sommerlager *„Im Großen und Ganzen hat es allen Spaß gemacht, doch herrschte auch viel Langeweile. Insgesamt hätte man mehr Themenbezug (Dschungel) finden und mehr Exkursionen unternehmen müssen. Außerdem kam der Lagerrat in seiner Funktion zu kurz." (aus: Protokoll vom 5.9.1994)*
9. September 1994	Grillfest auf der Wiese vor dem Pfarrhaus *„Wir bieten: Verkauf von Würstchen und Getränken, Versteigerung der Fundsachen aus dem Lager, Dia-Show vom Sommerlager, viele persönliche Kontakte. Mitzubringen sind: Eigenes Geschirr und Besteck, evl. einen Salat, Freunde." (aus: Einladung zum Grillfest)*

17. – 18. September 1994	Stufenwechsel-Wochenende *„Dieses Jahr wollen wir den Stufenwechsel einmal ganz besonders feiern. Wir haben dafür die alljährliche Stammesradtour ein wenig ausgeweitet. Der ganze Stamm fährt zusammen weg und nimmt daran teil, wenn die jeweils Ältesten jeder Gruppe zur nächsthöheren Gruppe aufsteigt. Voraussichtlich werden wir in Dieburg zelten und mit dem Fahrrad dorthin fahren." (aus: Einladung zum Stufenwechsel-Wochenende)*
25. September – 1.Oktober 1994	Multikulturelle Woche *Plakataktion in Darmstadt gegen Fremdenfeindlichkeit. Die DPSG Weiterstadt gestaltet zwei Plakatwände mit Pinsel und Farbe. „Pfadfinder gegen Fremdenfeindlichkeit. Vielfalt statt Einfalt".*
4. November 1994	Nachtwanderung
10. November 1994	Sankt Martin *Der Umzug beginnt um 19:30 Uhr. Die Pfadfinder machen Glühwein und Kakao. Die Jungpfadfinder kümmern sich um das Martinsfeuer.*
11. – 12. November 1994	Moby-Malaktion *„Angesprochen sind u.a. alle Rover. Wir brauchen noch ein Schleifgerät. Weiterhin werden vom Turm eine große blaue Plane sowie eine volle Gasflasche benötigt." (aus: Protokoll vom 3.11.1994)*
12. Dezember 1994	Stammesleiterrunde im Jugendheim *Thema u.a. „Sexueller Missbrauch". Diesmal liegt der Schwerpunkt auf Eurer Frage: Wie reagieren bei Verdacht, Prävention …*
16. Dezember 1994	DPSG Weihnachtsfeier am Jugendheim *„Wir wollen wieder etwas zusammen machen, und zwar am 16.12. ab 17.00 Uhr. Zusammen wollen wir in Richtung Meinhardt's Hof laufen. An verschiedenen Stationen wird jeweils ein Teil einer Geschichte gelesen. Bei Meinhardt's machen wir Feuer, Tschai und Tee, außerdem noch ein gemeinsames Spiel. Bene kümmert sich um die Geschichte und ein Spiel, Markus und Christian kümmern sich um das Feuer und den Tschai, Stefan fragt bei Meinhardt's nach, Birgit besorgt Laugenstangen und den Tee. Zurück sind wir dann so gegen 19:00 Uhr." (aus: Protokoll vom 3.11.1994)*
13. – 15. Januar 1995	Leiterwochenende auf Burg Stahleck
19. April 1995	Abend für alle Leiter. Thema: Zukunft des Stammes
9. Juni 1995	Am Freitag um 15:30 Uhr: Zelte flicken für alle Leiter
Im Sommer	Bezirkscamp am Marbach-Stausee *Wölflingslager in Braunfels/Solms („Zurück in die Steinzeit")*

29. Juli - 6. August 1995	Jufilager im Brexbachtal
September 1995	Die siebte Ausgabe der Stammeszeitung „St. Schorsch“ erscheint
9. – 10.September 1995	Stufenwechsel. Fahrradtour zum Forsthaus Fasanerie
21. – Oktober 1995	Aus den Gruppen *„Die Redaktion des St. Schorsch ist super.“* *„Von den sechs Teilnehmern der Leiterausbildung sind einige als Leiter hervorgegangen“* *„Der Kurat Pfarrer Klein empfindet es für ihn als unbefriedigend, dass bei den Staleirus und EVs viele Leiter oft nicht da sind und er somit kaum Kontakt zu ihnen hat. Außerdem ist er abends oft beruflich verhindert. Er macht den Vorschlag, zwanglose Veranstaltungen wie ein Brunch z.B. zu institutionalisieren – regelmäßig treffen und Spaß haben. Die Religiosität scheint in der Leiterrunde nicht von Interesse zu sein, obwohl wir ein katholischer Verein sind.“* *„Die Altrover spielen im Stamm keine große Rolle, es war seltenst ein Vertreter von ihnen da. Es wird mehr Austausch gewünscht, die Leiter sind eingeladen, die Altrover öfter zu besuchen.“* *„Der Turm sieht unmöglich aus“* *„Marc hat einen neuen Mobby ausfindig gemacht: Diesel, BJ 1986/87 mit Anhängerkupplung für ca. 3000 DM. Der alte Moby wird verkauft und muss vorher noch etwas auf Hochglanz gebracht werden. Es wurde der Vorschlag gemacht, nur Fahrer mit mindestens 2 Jahren Fahrpraxis an den neuen Bus zu lassen, da der alte seit letztem Sommerlager einige Schrammen hat.“* *Unser Stamm hat zurzeit 110 Mitglieder. (aus: Protokoll vom 21.10.1995)*
10. November 1995	Sankt Martin *In diesem Jahr findet wieder eine gemeinsame Veranstaltung von Kindergarten und Gemeinde statt. Die Jufis sorgen für das Feuer und die Pfadfinder für Glühwein und Kakao.*

12. – 14. Januar 1996	Leiterwochenende auf dem Jakobsberg. Thema „Weltreligionen im Vergleich“ *„Den Einstieg bildete am Freitagabend eine ‚Reli-Ralley‘. Die Vorbereitungsgruppe hatte ein Spiel mit Aufgaben und Fragestellungen ausgearbeitet, das quer über's ganze Haus verteilt gespielt wurde. Da wurde beispielsweise gefragt, welches die Säulen des Islam sind, was Nirwana bedeutet oder in welcher Reihenfolge die Bücher der Bibel geordnet sind. Es gab aber auch Aufgaben zu lösen, zum Beispiel die Geschichte des barmherzigen Samariters zu einem kurzen Musikstück zu vertonen oder Christi Geburt als einen Krimi zu spielen. Am Sonntagmorgen wurde thematisch der Bogen von der Religion zum Stamm geschlagen. Auf einem riesigen Plakat, das quer über dem ganzen Fußboden lag, waren Zitate von Baden-Powell, dem Gründer der Pfadfinderbewegung geschrieben. Unter anderem hatte er den Standpunkt ‚Ein Pfadfinder ohne Religion ist kein Pfadfinder‘. Jede Leiterin und jeder Leiter konnte nun auf dem Plakat schriftlich seine Meinung kundtun. Jetzt, ein paar Monate später, denke ich erst recht, dass wir dieses Thema häufiger aufgreifen sollten. Ich habe langsam das Gefühl, dass bei uns im Stamm eine ‚religionsfreie Zone‘ entsteht.“ (Benedikta Caspari)*
17. – 29. August 1996	Stammeslager in Verden bei Bremen. Motto: „Ein mittelalterliches Dorf“
28. – 29. September 1996	Stammesradtour ins Forsthaus beim Oberwaldhaus *Das Gepäck wird mit dem Moby transportiert*
1. – 3. November 1996	Leiter-Fun-Wochenende in Westernohe (Thema: „Spiele, die uns in den Gruppen Spaß machen“)
23. Januar 1997	Aus den Gruppen *„Die Huskies haben Rudel gebildet und wollen für die 25Jahr-Feier einen Zirkus machen. Die andere Wö-Gruppe hat ein Vogelhäuschen gebaut. Demnächst wollen sie einen Zirkus aus Salzteig bauen und eine Ideenfindung für die 25-Jahrfeier machen. Die UFOs haben Ufos aus Fimo gebastelt und sind dabei, ein großes Pappmachee-Ufo zu bauen. Die Yeties haben Yetie-Wappen gemalt. Die Pfadis haben das Thema „Anders leben“ und „Was ist Pfadfinder sein?“. Dazu wollen sie noch Werbespots für Pfadfinder drehen. Die Flachländer haben ihr Herbstessen und wollen jetzt einen Schrank bauen.“ (aus: Protokoll der Staleiru vom 23.1.1997)*

20. – 22. Juni 1997	Festwochenende zum 25-jährigen Jubiläum *Am Freitag, den 20.6. um 19:00 Uhr steigt die „Flachländer-Disco“ für alle ab 14 Jahren im Gemeindezentrum der katholischen Kirche in Weiterstadt. Am darauffolgenden Samstag findet der Tanz in den Sommer im Gemeindezentrum Hans-Böckler-Straße 3 statt. Für das leibliche Wohl sorgen die „Altrover“. Am Sonntag nach dem Gottesdienst gibt es ein gemeinsames Mittagessen.*
Im Sommer	Leiterwochenende in Don Bosco, Mainz Bezirkscamp Burg Breuberg Wö-Lager in Hannoversch Münden Pfadfinderlager in Berlin und auf Hallig Hooge
19. September 1997	Pfadfinder Grillfest im Braunshardter Schloss *Mit Dias und Fotos aus den Zeltlagern, Fundsachen aus dem Wö-Zeltlager, einem Lagerfeuer wie im Zeltlager. „Es wurde ein Lob ausgesprochen. Alles lief wunderbar. Dank an alle, die mit angepackt haben. Das Fest hat einen Gewinn von 303,34 DM eingebracht. Singen und Lagerfeuer sind gut angekommen.“ (aus: Protokoll der Staleiru vom 1.10.1997)*
26. September 1997	Stufenwechsel in den Gruppenräumen im Braunshardter Schloss
1. Oktober 1997	Aus den Gruppen *Am Moby muss die Auspuffanlage erneuert werden. Birgit hat einen Kostenvoranschlag von der Werkstatt Knöbel in Gräfenhausen über 590.- DM. Dies erschien uns akzeptabel. Birgit oder Stefan sollen einen Termin mit der Werkstatt ausmachen. Christine wies darauf hin, die Schramme auf der linken Seite auch noch vor dem Winter zu reparieren.“ (aus: Protokoll der Staleiru vom 1.10.1997)*
27. März 1998	Aus den Gruppen *Die beiden Wögruppen werden nach dem Georgstag zusammengelegt. Zu den Rovern: Die nachrückenden Pfadis passen nicht mehr in die Gruppe. Der Altersunterschied ist zu groß. Eine neue Rovergruppe müsste aufgemacht werden. (aus: Protokoll der Staleiru vom 27.4.1998)*
23. – 25. April 1999	Leiter(Fun)Wochenende. Auf der Rückfahrt ging der Moby kaputt
11. – 13. Juni 1999	Bezirkscamp in Neckarsteinach
5. – 11. Juli 1999	Wö-Sommerlager im Brexbachtal („Indianer“)
3. – 14. Juli 1999	gemeinsames Jufi- und Pfadilager in Villach/Österreich

Aus der kleinen Pflanze von 1972 ist ein mächtiger Baum geworden

Aufbruch ins neue Jahrtausend

10. – 12. März 2000	Leiterwochenende. Thema: „Der Musterstamm im Vergleich zu unserem Stamm"
22. März 2000	Der Stamm bekommt einen Billardtisch geschenkt
24. April 2000	Georgstag
21. Mai 2000	Mobytaufe. Der neue Toyotabus der Pfadfinder wird nach dem Gottesdienst geweiht. Zur Feier werden Kaffee und Kuchen verkauft
22. Juli – 4. August 2000	Sommerlager in Frankreich La Napoule
25. August 2000	Grillfest
22. Dezember 2000	Weihnachtsfeier im Braunshardter Schlosspark
23. Februar 2001	Stammesfastnachtsfeier mit alljährlicher Disco und Kostümprämierung
2. – 4. März 2001	Leiterwochenende. Thema: „Pfadfinderei und wir" und „Spiritualität bei den Pfadfindern"
27. April 2001	Georgstag mit Rallye im „Pfadi"-Wäldchen südlich von Weiterstadt
18. – 20. Mai 2001	Bezirkscamp am Marbachstausee
22. – 30. Juni 2001	Wö & Jufilager ins Rottmannstal bei Coburg
23. – 28. Juni 2001	Pfadfinderlager in Westernohe
17. August 2001	Grillfest
2. November 2001	Stammesversammlung mit Vorstandswahlen
14. Dezember 2001	Stufenwechsel
21. Dezember 2001	Weihnachtsfeier
24. – 25. Mai 2001	Material- und Stammestag
27. Juli – 10. August 2001	Stammeslager: „Die Indianer kommen" 1. Woche: Zeltplatz am Wirberg bei Gießen 2. Woche: Kanutour auf dem Edersee bzw. der Eder
14. September 2001	30 Jahrfeier
13. Dezember 2001	Stufenwechsel

20. Dezember 2001	Weihnachtsfeier
17. – 31. Januar 2003	Werbegruppenstunden der Wölflinge. Tag der offenen Tür
17. – 19. Januar 2003	Roverversprechenswochenende *Die einzig noch aktive Roverrunde fuhr in eine Hütte ans Felsenmeer um die alte Tradition des Versprechens in unserem Stamm für die Roverrunde wieder aufleben zu lassen*
28. Februar 2003	Faschingsfeier in Weiterstadt
25. April 2003	Georgstag
26. – 27. April 2003	BDKJ Erste Hilfe Kurs
9. – 11. Mai 2003	Leiterwochenende am Glauberg
23. – 25. Mai 2003	Bezirksleiterwochenende in Lindenfels
4. Juli 2003	Stammesaktion im Braunshardter Tännchen
19. – 25. Juli 2003	Jufilager im Brexbachtal (Motto: „Ritter")
26. – 31. Juli 2003	Wölager in Fürth/Odenwald (Motto „Ritter")
Im Sommer	Pfadilager in Westernohe Roverhike in Schottland
12. Dezember 2003	Stufenwechsel in Weiterstadt
14. Dezember 2003	Lichterkette für den Frieden. DPSG setzt mit Aktion Friedenslicht ein Zeichen gegen soziale Kälte
20. Februar 2004	Faschingsfeier in Weiterstadt
25. April 2004	Georgsessen
7. – 9. Mai 2004	Leiterwochenende mit Versprechen-Vorbereitung
28. – 31. Mai 2004	Pfingsten in Westernohe „75 Jahre DPSG"
14. – 27. August 2004	Stammes-Sommerlager Stevninghus in Dänemark
7. – 10. Oktober 2004	72-Stunden-Aktion. Pfadfinder bauen in der Peter-Petersen-Schule ein Lehmhaus
2005	Eltern-Kind-Lager auf dem Zeltplatz Himmeldunkberg in Bischofsheim auf der Rhön mit Kanutour auf der Fränkischen Saale Wö-Sommerlager am Marbachstausee (Robin Hood) zusammen mit den Wös aus Seeheim Jufi-Sommerlager in Monschau-Widdau bei Aachen (Ich und mein Fahrrad) Rover-Sommerlager Euro-Jamin Windsor Castle/ England

2006	Stammeslager in Wiltz/Luxemburg Eltern-Kind-Wochenende auf der Loreley Leiterwochenende am Oberwaldhaus, Leiterversprechen Bezirks-Wintercamp der Rover und Leiter in Bürstadt
2007	Pfadfinder-Sommerlager in Schottland Jungpfadfinder-Sommerlager im Brexbachtal Wölflings-Sommerlager auf dem Zeltplatz „Zum Lindenbaum" bei Sulzbach/Saar Motto: „Steinzeit" Eltern-Kind-Lager im Bundeszentrum Westernohe
2008	Eltern-Kind-Lager im Brexbachtal Stammeslager in Nagold zum Thema „Harry Potter" Jufi-Pfingstlager in Westernohe
2009	Übernachtung der Wölflings-Meute „ooX die flinken Agenten" in Gräfenhausen Diözesanlager „Mut tut gut" in Schwangau Eltern-Kind-Lager in Hauenstein Jungpfadfinder-Pfingstlager in Westernohe Pfingstlager der Wölflings-Meute „ooX die flinken Agenten" auf dem Zeltplatz Raibacher Wölfling-Wochenendlager in Gräfenhausen

„Verweile, wo Du glücklich bist"

Die 2010er Jahre

2010	Wö-Sommerlager (Indianer) im Brexbachtal Jufi-Sommerlager auf dem Zeltplatz „Voßbarch" Pfadi-Sommerlager in Berlin Rover-Sommerlager in Italien Pfingstlager in Westernohe

2011	World Scout Jamboree in Schweden Sommerlager auf dem Bundeszeltplatz des BdP in Immenhausen Pfingstlager 2011 der Jufis und Pfadis in Westernohe Pfingstlager der Wölflingsmeute „00X die flinken Agenten"
2012	Sommerlager der Wölflinge auf dem Pfadfinder-zeltplatz Reuschbach Rover-Lager in München auf dem Zeltplatz Thalkirchen Pfadi-Lager Scharbeutz/Ostsee & Berlin Jubiläumslager 40 Jahre DPSG Weiterstadt in Groß-Gerau
2013	Himmelfahrtslager der Wölflinge auf dem Naßen Fleck bei Butzbach Im August: Stammes-Sommerlager in Schildmatt/Frankreich Motto: Abenteuer Mittelerde Eltern-Kind-Ausflug in den Hessenpark
Mai 2014	Himmelfahrtslager der Wölflinge in Schloß Nauses
Juni 2014	Pfingstlager in Westernohe
24. August – 5. September 2014	Scouttropolis. Diözesan-Sommerlager in Groß-Zerlang *„Scouttropolis - Gemeinsam sind wir Stadt" ist das Motto des Diözesanlagers 2014 für den Diözesanverband Mainz. Mehr als 800 Pfadfinderinnen und Pfadfinder aus 27 Pfadfinderstämmen errichten im brandenburgischen Großzerlang ihre eigene Stadt*

◂ *Sommerlager in Schweden. 2015*
Steffen Vowinkel

11. November 2014	Sankt Martin *„Beginn des Martinsumzugs war am 11.11.2014 wie immer mit einem Gottesdienst in der Kirche, bei dem die Kindergartenkinder zusammen mit ihren Erzieherinnen einen schönen Text zum Fest hörten und darstellten. Danach zogen alle in Begleitung einiger Bläser der SG Weiterstadt durch die umliegenden Straßen. Hell leuchteten die schönen selbst gebastelten Laternen, und altbekannte Laternenlieder wurden gesungen. Natürlich durften auch der heilige Martin und der Bettler – alias Petar Balek und Alexa Guba - nicht fehlen. Wieder an der Kirche angelangt, konnten sich alle, denen beim Umzug ein wenig kalt geworden war, am Martinsfeuer aufwärmen. Dabei wurden sie von unseren Pfadfindern mit heißen Getränken und Martinsbrezeln bewirtet. Wahrscheinlich ein Fest so ganz nach dem Geschmack von St. Martin, das jedes Jahr von Kindergarten, Messdienern und Pfadfindern Hand in Hand gestaltet wird.“ (Maria Lorenz, aus: Pfarrbrief 2014)*
2015	Zeltlager in Rasdorf/Rhön „Point Alpha“ Zeltlager in Irland Zeltlager in Schweden World Jamboree in Japan
20. Dezember 2015	Friedenslicht *„Das Licht aus der Geburtsgrotte von Bethlehem steht für die Hoffnung der meisten von uns auf Frieden, und es verbindet Muslime, Juden und Christen. Mit der Weitergabe des Friedenslichtes ‚an alle Menschen guten Willens' wollen die Pfadfinder ein klares Zeichen für Frieden und Völkerverständigung setzen. Am 20. Dezember wird das Friedenslicht aus Bethlehem im Gottesdienst auch zu uns gebracht; tags zuvor wird es von den Pfadfindern in Mainz abgeholt. In der Kirche stehen Kerzen bereit, mit denen Sie das Friedenslicht aus Bethlehem mit nach Hause nehmen können.“ (Maria Lorenz, aus: Pfarrbrief 2015)*
2016	Stammeslager Brexbachtal Bezirkslager Heldon „Back tot he Roots“ im Pfadfinderzentrum Lilienwald (Karben-Petterweil)
2017	Westernohe
22. – 30. Juli 2017	Jamboree in Dänemark
2018	Stammeslager am Diemelsee Fundraising „Kartoffelsuppe & Glühwein“ fürs Jamboree 2019 in Amerika (aus dem dann doch nichts wurde)
2019	Eltern-Kind-Lager im Wildpark Groß-Gerau

23. – 26. Mai 2019	72-Stunden-Aktion: Uns schickt der Himmel Baumaßnahmen an der Kellerranch in Weiterstadt
Im Sommer 2019	Stammeslager in Zellhof (Österreich) *„Diesen Sommer waren wir Weiterstädter Pfadfinder in Österreich, im Pfadfinderdorf Zellhof. Dies liegt in der Nähe von Salzburg. Die erste Woche war dieses Jahr Stufenzeit angesetzt. Alle Stufen planen für diese Woche ihr eigenes Programm. Die Wö- und Jungpfadfinder-Stufen waren die erste Woche im Zoo, im Porsche Museum und auch Kanu auf dem Mattsee fahren. Die Pfadi-Stufe war mit dem Nachtzug für einen Tag nach Venedig gefahren und war gemeinsam mit den Rovern ebenfalls auf dem Mattsee Kanu fahren. Die Rover waren die erste Woche im Porschemuseum, haben eine Brauereibesichtigung gemacht und haben eine Rover-Bank gebaut. Die Rover-Bank war dann auch nützlich, Gulasch für alle zu kochen. Die zweite Woche haben alle Stufen gemeinsame Unternehmungen verfolgt. Natürlich haben wir während dieser Woche auch Salzburg besichtigt. Die Lager sind nicht nur mit Programm gefüllt, sondern bieten auch genug Zeit für Gemeinschaft und Geselligkeit. Abends haben wir meistens ein Lagefeuer, an dem wir gemeinsam singen und manchmal ‚Werwolf' spielen. Als katholische Pfadfinder gestalten wir auf dem Lager natürlich auch mindestens wöchentliche Wortgottesdienste." (Avena Schütt, aus: Pfarrbrief 2019)*
Im Dezember	Weihnachtsfeier mit Schrottwichteln im Braunshardter Schloss

◂ *Fundraising Kartoffelsuppe und Glühwein für's Jamboree 2019 in Amerika (aus dem dann doch nichts wurde)*

Archiv: PFadfinderchronik

… und dann kam die Pandemie

Der Beginn der 2020er Jahre

2020	Das Corona-Jahr *Keine Gruppenstunden, kein Pfingsten in Westernohe, keine Zeltlager. „Alles was geplant war und worauf man sich gefreut hatte, wurde nach und nach abgesagt. Keine Gruppenstunden, die Freunde abends nicht mehr treffen, keine Lagerfeuer, kein gemeinsames Singen. Alles schwer vorstellbar als Pfadfinder. Möglichst schnell wurden Online-Angebote geschaffen, aber wie sollen die bitte das ersetzen, was wir sonst immer so gerne tun?“ (Klara Holzheuser)*
Im August 2020	Gründung einer Biberstufe
13. Dezember 2020	Friedenslicht *Die dezentrale Aussendung in den Dekanaten, in Heilig Kreuz Darmstadt, danach „kontaktlose“ Übergabe in den Pfarreien*
Im Dezember	Der Stufenwechsel wurde online gefeiert. Im Dezember gab es Weihnachtspakete für jeden Pfadfinder
2021	Immer noch Corona
April 2021	An Ostern gab es wieder Päckchen. Der Georgstag wurde mit allen Gruppen online gefeiert

Mai 2021

Pfingsten in Westernohe – oder eben doch zu Hause

„Normalerweise verbringen ALLE (naja fast alle) Pfadfinder Deutschlands das Pfingstwochenende in Westernohe, also im Westerwald auf einem riesigen Zeltplatz. Gemeinsam mit 4000 Menschen ist das schon immer ein richtig besonderes Gefühl! Wenn das zum zweiten Mal in Folge ausfällt, ist das ein großer Verlust, der nicht so einfach kompensiert werden kann. ABER wir in Weiterstadt haben uns etwas überlegt: Jedes Gruppenkind und jeder Leiter hat von uns ein kleines Heftchen bekommen mit verschiedenen Aufgaben, die gelöst werden mussten. Diese Aufgaben haben alle etwas den Pfadfindern zu tun. Zuerst mussten die Kinder ein Puzzle zusammensetzen. So gelangten sie zu ihrem ersten Ziel, der Kirche. Im Schaukasten war eine Stadtkarte von Weiterstadt, die ins Braunshardter Tännchen geleitet hat. Dort war ein Glas mit Stempeln versteckt. Daraus durften sich die Kinder ihr Lieblingsmotiv aussuchen. Leider kam es zu Komplikationen, denn immer wieder wurden aus dem Glas die Stempel geklaut und das leere Glas samt Info-Zettel einfach liegen gelassen. Doch wir haben uns davon nicht entmutigen lassen. Dritte Aufgabe war es, drei Kräuter in der Natur zu finden. Pfadfinder sein heißt auch, das zu zeigen. Die Kinder sollten ihre Kluft aus dem Schrank holen, sie anziehen und ein Foto davon machen. Und dann ist da noch die Sache mit der Lilie. Damit wir uns nochmal ins Gedächtnis rufen mussten, wie diese Lilie aussieht, sollten alle Pfadfinder aus dem Stamm eine Lilie aus verschiedenen Naturmaterialien legen. Von Stöcken, Ästen, Blättern, Steinen bis hin zu Pferdehaaren war alles dabei. Die letzte Aufgabe stellte dann den Bezug zur internationalen und spirituellen Perspektive der Pfadfinder her. Was ist Pfingsten? Und was hat das Internationalität zu tun? Hierzu gab es auch wieder ein kleines Rätsel im Heft. Es gab eine große Beteiligung an dieser Aktion. Die Motivation, wieder Gruppenstunden zu haben/zu machen wurde angeheizt. Nach Pfingsten ist es dann dazu auch endlich wieder gekommen." (Klara Holzheuser)

14. – 28. August 2021	Sommerlager im Brexbachtal *„Am 14.August war es endlich soweit – das erste Zeltlager seit zwei Jahren! Nachdem wir am Vortag bereits gepackt hatten, konnte es zügig losgehen. Wir fuhren mit dem Bus auf den Pfadfinderzeltplatz Brexbachtal in der Nähe von Koblenz. Am ersten Tag stand nur der Aufbau an. Abends gab es die erste Lagerfeuerrunde. Der zweite Tag beinhaltete nicht nur eine Zeltplatzerkundung, sondern auch ein Spieleturnier, welches uns viel Spaß bereitete. Außerdem nutzten wir die gute Lage unseres Zeltplatzes direkt am Wasser, um einen Staudamm zu bauen. Viele weitere Aktionen folgten: Wir wollten gemeinsam als Stufe eine Lagerbaute anfertigen. So entstanden Fußballtore, ein Regal, eine Wäscheleine und vieles mehr. Am Dienstag hatten wir Selbstversorgertag. Wir bildeten verschiedene Gruppen, die zusammen einkaufen gingen und sich den Tag über selbst versorgen mussten. Mittwochs war sicherlich eines der Highlights geplant. Neben unserem Zeltplatz gab es einen Kletterwald mit vielen abwechslungsreichen Parcours und einer etwa 20 Meter langen Seilbahn! Auch donnerstags nutzten wir die einzigartige Lage des Zeltplatzes, indem wir ein Floßturnier mit selbstgenbauten Flößen veranstalteten. Die darauffolgenden Tage waren wieder im Zeichen der einzelnen Stufen. Die Kleinsten besuchten zum Beispiel den Zoo, die Jungpfadfinder gingen zwei Tage hiken (Wanderung mit Übernachtung im Freien), die Pfadfinderstufe machte verschiedene Tagesausflüge und die Rover hikten auch. Diese Stufenzeit war ein großes Erlebnis und wird sicherlich auch vielen im Kopf bleiben. Zu Beginn der zweiten Woche stand das Versprechen an – auch eine Tradition, bei welcher man verspricht etwas besser zu machen und die Pfadfindergesetze einzuhalten. Dienstags ging es dann für alle nach Sayn in den Schmetterlingspark. Mittwochs drehte sich vieles um Sport. Wir machten das ultimative „Bändchenspiel" mit einem anderen Pfadfinderstamm. Abends ein „Überfall", bei dem Leiter und Freunde der Pfadfinder spaßeshalber das Lager „überfallen" und dabei versuchen, das Banner an sich zu bringen. Leider gelang dies auch dem Überfallkommando. Am nächsten Tag: „Schammtaufe" (bei dem nicht nur die „Täufinge", sondern auch alle anderen mit Schlamm eingerieben werden). Freitags war Abreisetag. Nach zwei langen, schönen Wochen ging es zurück nach Hause. Wieder in Weiterstadt angekommen regnete es. Trotzdem räumten wir tapfer alles aus. Zum Abschluss stellen wir uns zusammen im Kreis auf und sangen, wie nach jedem Lager „Nehmt Abschied, Brüder". Jeder von uns bekam für die Kluft einen Aufnäher vom Brexbachtal." (Elisabeth Holzheuser)*
Juni 2022	Pfingstlager im Odenwald, Schloss Nauses

24. – 26.Juni 2022	50-Jahr Feier der DPSG Weiterstadt
Im Juli, August 2022	Sommerlager *Die Jufis, Pfadis und Rover fahren nach Spejdernes Lejr in Hedeland/Dänemark. Anschließend geht es nach Schweden auf den Zeltplatz „Gillastugan" bei Rastanga. Die Wölflinge haben ihr Sommerlager am Bucher Berg in Oberfranken.*

◂ *Sommerlager 2022*
Archiv Klara Holzheuser

Dank

Ohne das Engagement und die Hilfe vieler Pfadfinder aus dem Stamm wäre das Buch nicht zustande gekommen. Ich danke allen, die auf jede erdenkliche Art und Weise an diesem Buch mitgewirkt haben.

Großer Dank geht vor allem an Benedikta und Stefan Caspari, Pia Holzheuser und Carolin Wehrle, die von Anfang an in das Projekt „Jubiläums-Buch" involviert waren. Sie haben viele Texte geschrieben, in stundenlanger Arbeit Material gesichtet, recherchiert und ihre Ideen in das Projekt mit eingebracht. Benedikta und Stefan Caspari sind seit vielen Jahren im Weiterstädter Stamm aktiv, zunächst als „Gruppenkinder", später als Gruppenleiter und in verantwortlicher Position auf Diözesanebene. Benedikta Caspari war viele Jahre Stammesvorsitzende, Stefan Caspari Kurat im Stamm. Ihr Wissen und ihre Erfahrungen im Stamm haben viel mit dazu beigetragen, diese fünfzig Jahre DPSG Weiterstadt lebendig werden zu lassen. Pia Holzheuser ist seit 2010 bei den Pfadfindern in Weiterstadt. Zunächst war sie als „Mamataxi" unterwegs, fand aber schon bald großes Interesse an der Pfadfinderbewegung und wurde selbst aktiv. Seit 2020 ist sie Mitbegründerin und Leiterin der Bibergruppe. Sie hat immer wieder Kontakt zu den Gruppen und zu einzelnen Stammesmitgliedern gesucht und sie motiviert, sich an dem Buchprojekt zu beteiligen. Carolin Wehrle ist seit 2007 mit dabei. Sie gab den Anstoß für dieses Buchprojekt („Möchtest Du unsere Pfadfinder-Festschrift machen?"). An dieser Stelle sei auch Johannes Holzheuser gedankt, der dabei geholfen hat, Fotomaterial zu sichten. Klara Holzheuser ist Gruppenleiterin und engagiert sich auf Diözesanebene für den Stamm. Sie hat viele Texte in diesem Buch geschrieben und zum Teil sehr persönliche Materialien zur Verfügung gestellt. Daniel Kretsch hatte mehrere Jahre das Amt des Diözesankuraten der Deutschen Pfadfinderschaft Sankt Georg (DPSG) im Bistum Mainz inne. Er macht sich Gedanken darüber, ob und wenn ja in welcher Art und Weise Pfadfinden und Glaube etwas miteinander zu tun haben. David Meyer war lange Zeit als Kurat aktiv, ist heute Gruppenleiter und engagiert sich in verschiedenen Gremien. Danke für den Austausch über die Arbeit im Stamm. Michael Lugert und Martin Gudelke kennen die Anfangsjahre des Stamms. Sie haben mit ihrer Arbeit und ihrem Engagement den Stamm jahrzehntelang geprägt. Beide waren viele Jahre Gruppenleiter und gehörten später zum Stammesvorstand. Von ihnen wollte ich wissen, wie sie „ihre" Zeit damals erlebt haben. Einige ihrer damaligen „Gruppenkinder" sind später selbst Gruppenleiter geworden. Werner Sommer und Günter Weber gehören zu den Altrovern. Sie sind durch ihre Kinder zu den Pfadfindern gekommen. Mit Margot Göcke, Iris Heukelbach, Prisca Stadler, Lothar Thon und Monika Wehrle habe ich über die Elternperspektive gesprochen.

Manch einer wird im Buch als Autorin oder als Autor erwähnt, weil sie oder er während der eigenen Pfadfinderzeit Zeitungsartikel veröffentlicht oder Texte in der Pfadfinderchronik geschrieben haben. Andere haben Texte verfasst, aber ihre Autorenschaft lässt sich nicht mehr rekonstruieren, weil entsprechende Namensangaben fehlen. Für viele Fotos gilt das gleiche.

Am Buch haben mitgewirkt (in alphabetischer Reihenfolge): Theresa Backes, Birgit Becker, Ulrike Blasius, Carina Burlon-Köhler, Konrad Burlon, Benedikta Caspari (geb. Plohmann), Kathrin Caspari, Maria Caspari, Stefan Caspari, Lucas Coleman, Sven Degenhard, Cornelius Englert, Laurenz Englert, Werner G. Feldmann, Sabine Gebhardt, Margot Göcke, Nico Göcke, Martin Gudelke, Markus Gut, Thomas „Hasi" Hasenauer, Iris Heukelbach, Elisabeth Holzheuser, Johannes Holzheuser, Klara Holzheuser, Pia Holzheuser, Hans-Josef Klein (+), Andreas Köhler, Daniel Kretsch, Maria Lorenz, Hanne Lugert, Michael „Micky" Lugert, David Meyer, Kristina Neff, Stephan Partsch, Leonard Peterlic, Bettina Prenzer, Joel Sauvonnet, Sarah Schäfer, Stephan Schank, Sabine Schneeberger (+), Andreas Schonert, Jannis Schünemann, Avena Schütt, Adrian Selinger, Bettina Sommer, Werner-Daniel Sommer, Prisca Stadler, Johannes Stinhöfer, Kim Strohauer, Lothar Thon, Markus Tschakert, Katharina Vernaleken, Bernadette Vetter, Anja Viviani (geb. Wald), Steffen Vowinkel, Günter Weber, Armin Wehrle, Carolin Wehrle, Klaus Wehrle, Monika Wehrle (+) und viele, die an dieser Stelle namentlich nicht genannt worden sind.

Claudia Wehrle

Quellen und Literatur – Eine Auswahl

Von Robert Baden-Powell

Baden-Powell, Robert: Aids to Scouting, for N.-C.Os. and Men, 1899. Online verfügbar https://www.thedump.scoutscan.com

Baden-Powell, Robert: Pfadfinder (Scouting for Boys). Übersetzt von Christa Brüchle, bearbeitet durch Peter Bleeser, Neuss 1977

Baden-Powell, Robert: The Project Gutenberg eBook of Scouting for Boys, https://www.gutenberg.org/files/65993/65993-h/65993-h.htm

Baden-Powell, Robert: Rovering to Success. In deutscher Übersetzung von Harry Theodor Master, München 2007

Über Robert Baden-Powell und die Pfadfinderbewegung

Bundesleitung der Deutschen Pfadfinderschaft Sankt Georg (DPSG) (Hg): Das Versprechen. Ratgeber für Leitungsteams. Allgemeine Grundlagen und praktische Tipps, Neuss 2013

Hansen, Walter: Das große Pfadfinderbuch, Kempen 2013

Hansen, Walter: Der Wolf, der nie schläft. Das abenteuerliche Leben des Lord Baden-Powell, Gründer der Pfadfinderbewegung, Baunach 2018

Lion, Alexander (Hg): Das Pfadfinderbuch. Nach General Baden-Powells Scouting for Boys. Faksimile-Ausgabe, Baunach 2014

Römer, Thomas/Röser, Hubert (Hg): Pfadfinden. Lexikon, Neuss 1999

Sica, Mario: Spuren des Gründers. Zitate aus den Schriften des Lord Baden-Powell, Neuss 2007

The Scout Association: 100 Jahre Pfadfinder. Die offizielle Geschichte der weltweiten Bewegung, Baunach 2007

Von Hopffgarten, Elise (Hg): Das Pfadfinderbuch für junge Mädchen. Ein anregender, praktischer Leitfaden für die heranwachsende, vorwärtsstrebende weibliche Jugend. Faksimile-Ausgabe, Baunach 1991

Zur DPSG Weiterstadt

Chroniken der DPSG Weiterstadt.

Festschriften:

10 Jahre Pfadfinder Weiterstadt, Mai 1982

20 Jahre DPSG Weiterstadt, Mai 1992

25 Jahre DPSG Weiterstadt, Juni 1997

Elternbriefe

Protokolle von Stammesleiterrunden

Stammeszeitung St. Schorsch

Link, Helmut/Sauer, Clemens-Ernst: Chronik der Pfarrei St. Johannes der Täufer Weiterstadt. Festschrift zum 40. Jahrestag der Kirchweihe 1966-2006, ohne Ort 2006

Weiterführendes im Netz

https://www.dpsgmainz.de

https://dpsg.de (Darin u. a. die Ordnung der DPSG)

https://dpsg-weiterstadt.de

https://www.scout-o-wiki.de

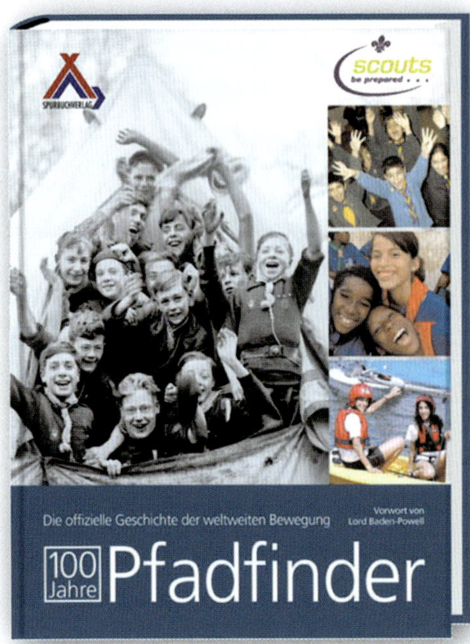

192 Seiten
Format: 23 x 30,5 cm
Hardcover mit Schutzumschlag
ISBN 978-3-88778-309-9

100 Jahre Pfadfinder

Die offizielle Geschichte der weltweiten Bewegung

Dies ist die auf offiziellen Quellen beruhende Beschreibung der Pfadfinderbewegung auf ihrem Weg zur weltumspannenden Organisation. Sie beginnt mit Baden-Powells frühen Tagen, dem ersten Lager, dem Erscheinen des Buchs „Scouting for Boys" bis zur Entwicklung der verschiedenen Altersverbände unter den Pfadfindern. Erleben sie die faszinierende Geschichte einer Organisation, die vielen jungen Menschen auf der Welt neue Perspektiven, dauerhafte Freundschaften und viel Spaß gebracht hat.

Dieses Buch enthält bisher unveröffentlichtes Bildmaterial aus den Archiven des englischen Pfadfinderverbandes, darunter auch sehr seltene Aufnahmen vom ersten Lager auf der Insel Brownsea. Es gewährt einen einmaligen Einblick in die Entwicklung der Pfadfinderbewegung überall auf der Welt und berichtet von dem Engagement der heutigen Pfadfinder.

„Die Pfadfinder haben es tausenden junger Menschen ermöglicht, Spaß zu haben, Freunde zu finden und zu wertvollen Mitglieder ihrer Gemeinden heranzuwachsen." *Tony Blair*

„Die Pfadfinderbewegung ist weltweit führend, wenn es um die Erziehung der Jugend geht. Pfadfinder zu sein, stärkt den Patriotismus, fördert gesunde Moralvorstellungen, Mut, Selbstvertrauen und die Verantwortung für die Gemeinschaft. Junge Menschen werden ermuntert, alles aus sich herauszuholen." *Nelson Mandela*

160 Seiten
Format: 25,3 x 22,5 cm
Hardcover
ISBN 978-3-88778-606-9

Heather Baden-Powell

Baden-Powell: Ein Familienalbum

Der große Pädagoge: Sir Robert Baden-Powell (1857-1941). Bis heute basiert die Pfadfinderbewegung, die weltweit größte Jugendbewegung, auf den Ideen ihres Gründers Lord Robert Baden-Powell. Die vorliegende Lebensgeschichte gibt einen einmaligen Einblick in das Familienleben Baden-Powells, mit allen Details, die nur die älteste Tochter Heather liefern kann. Dieser unmittelbare Einblick ermöglicht es auch seine Pfadfinderideen besser zu verstehen. Das Buch ist reichlich ausgestattet mit Bildmaterial, das bisher keinem Biographen zugänglich war.

Baden-Powell – Historischer Kalender

Der jährlich erscheinende Baden-Powell Kalender ist eine Hommage an den Gründer der weltweit größten Jugendbewegung. Die Besonderheit des Kalenders ist das jeweils unveränderte Titelbild mit einem der bekanntesten Konterfeis von Lord Robert Baden-Powell. Im Kalender selbst werden jeweils interessante historische Bilder aus der Geschichte der Pfadfinderbewegung, aber insbesondere aus dem Leben von BiPi veröffentlicht. Der Kalender greift auf das Archiv des Deutschen Pfadfindermuseums® und von mehreren Sammlern zurück.

Der farbige Kalender erscheint jährlich neu, etwa Anfang September, mit deutsch- und englischsprachigem Kalendarium.

Format: 21 x 29,7 cm
Spiralbindung, starkes weißes Papier
ISBN 978-3-88778-092-0

72 Seiten
Format: 23,8 x 17 cm
Hardcover
ISBN 978-3-88778-630-4

Hartmut Keyler

Scouting around the World with the Jamtrain

Das Buch erzählt in leicht verständlicher englischer Sprache die Geschichte der Weltjamborees an Hand von Zeichnungen. Jedes Jamboree wird dabei mit einem eigenen Waggon dargestellt.

Lord Robert Baden-Powell, Founder of World Scouting, was a genius inventor of imagination and impressive Symbols. With the Fleur-de-Lis he choosed an identification sign for the worldwide Scout Movement - apart from the youth educational elements and many outdoor activities he introduced.

With the phenomenon „JAMBOREE" he created an unique event, today world-wide known trademark and a forward oriented symbol of peace for world youth. Since 1920 twentyfour of such great international meetings took place.

Autor: *Hartmut Keyler, geboren 1936 in Esslingen/Neckar, Deutschland. Architekt, Designer, Karikaturist; Schulausbildung in Korntal und München, Lehre als Zimmermann, Studium der Architektur in München, dann freischaffender Architekt in München. 1949 Eintritt in die Pfadfinderbewegung, Auslandsbeauftragter des VCP, dem evangelischen Pfadfinderverband in Deutschland und des Ringes Deutscher Pfadfinderverbände für 25 Jahre. Mitglied des Europäischen Pfadfinderkomitees von 1968-1972 und 1977-1980. Mitglied des Pfadfinder-Weltkomitees von 1971-1975 und 1985-1993. Mitglied des Weltpfadfinder-Honours-and Awards-Komitees 2005-2014. Mitglied der World Scout Foundation seit 1990. Bronze Wolf - Auszeichnung der Weltpfadfinderbewegung 1979. Bundesverdienstkreuz der Bundesrepublik Deutschland 1985 und einer Anzahl internationaler Orden und Auszeichnungen.*

208 Seiten
Format: 14,8 x 21 cm
ISBN 978-3-947847-00-6

Walter Hansen

Der Wolf, der nie schläft

So nannte man den Gründer der Pfadfinderbewegung, der größten Jugendbewegung der Welt. Dies ist seine erstaunliche und abenteuerliche Lebensgeschichte.

Für Pfadfinderinnen und Pfadfinder und solche, die es werden wollen, schrieb Walter Hansen dieses Buch. Und natürlich auch für Erwachsene, die sich gerne an ihre Pfadfinder-Zeit erinnern sowie für alle Leserinnen und Leser, die sich über Lord Baden-Powell und die Pfadfinderbewegung informieren möchten.

Walter Hansen, selbst Pfadfinder, studierte an der Ludwig-Maximilians-Universität zu München, war leitender Redakteur von großen Tageszeitungen und lebt jetzt als freier Schriftsteller in München. Seine Bücher wurden in viele Sprachen übersetzt und mit Preisen ausgezeichnet.

In Verlagsauslieferung scoutingpress.com
Available as e-book on Kindle and IBooks

360 Seiten, Format: 14,5 x 22 cm
Hardcover
ISBN 978-3-88778-420-1

Alexander Lion

Das Pfadfinderbuch

Das 1. deutsche Pfadfinderbuch: Alexander Lion brachte die Pfadfinderidee nach Deutschland. Mit seiner „Übersetzung" des Buches „Scouting for Boys" begann die Verbreitung der Idee in Deutschland.

192 Seiten
Format: 18 x 25 cm
ISBN 978-3-88778-311-2

Tobias Weißenmayer, Micha Hilligardt

Abseits der Pfade: Die Weltreise

Es ist der Traum vieler Fahrtenfreunde, sich irgendwann einmal auf eigene Faust „Abseits der Pfade" in besondere Abenteuer zu stürzen und sich in die letzten unentdeckten Winkel der Erde zu wagen. Anstatt Reisebücher oder Reisekataloge zu wälzen nutzen Micha Hilligardt und Tobias Weißenmayer das Netzwerk der weltweiten Pfadfinderbewegung. Stück für Stück schlagen sich die zwei Abenteurer vom Ring deutscher Pfadfinderverbände und vom Deutschen Pfadfinderverband in einem Jahr um den Globus, liefern sich unterwegs in Tibet tagelang eine gefährliche Verfolgungsjagd mit der Chinesischen Polizei und berichten über schöne Erlebnisse mit Pfadfindern in der Mongolischen Wüste, die dort das ganze Jahr über mit ihren Familien in Zelten leben. Eignet sich das Abenteuerbuch auch zum Vorlesen in der Gruppenstunde.

www.spurbuch.de